体脂肪を減らす、筋肉をつける

スロー&クイックトレーニング 決定版

石井直方
東京大学大学院教授

谷本道哉
近畿大学生物理工学部准教授

マイナビ

CONTENTS

第3章 コーディネーショントレーニング

第4章 トレーニングプログラム

体脂肪を減らす、筋肉をつける

スロー&クイックトレーニング

DVDを見ながら一緒にトレーニングして見違えるカラダになる!

付録DVDの使用法

DVD収録コンテンツ

■スロートレーニングの基本

カラダ全体を鍛える基本的な9種類のスロートレーニングを紹介。まずは、このメニューでスロートレーニングがしっかりできるようトレーニングしましょう。

■クイックトレーニングの基本

スロートレーニングが確実にこなせるようになったら、筋肉に強い負荷をかけるクイックトレーニングに挑戦。バネのあるしなやかな肉体を手に入れましょう。

■トレーニングメニュー ≫「スローtoクイック」&「クイックtoスロー」

トレーニングメニュー1

「スローtoクイック」で完全パンプアップ

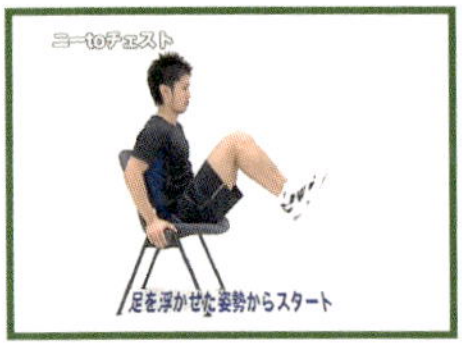

「スロー」と「クイック」を組み合わせれば、筋肥大効果が倍増。DVD映像を見ながら、一緒にトレーニングしましょう。

トレーニングメニュー2

「クイックtoスロー」で筋肉をオールアウト

最大の筋肥大効果が得られるトレーニングプログラム。「クイック」で、筋肉に強い刺激を与え、さらに「スロー」で極限まで追い詰めましょう。

※トレーニングメニュー1と2には、それぞれすべてのトレーニングを1回で行なう「スタンダードバージョン」とスタンダードバージョンを2分割した「ショートバージョンA」「ショートバージョンB」が収録されています。自分の体力と相談しながら行ないましょう。

付録DVDの操作方法

●メインメニュー画面（下の画像）での操作

・メニューボタン

『スロートレーニングの基本』などのボタンを押すと、それぞれのメニュー画面にジャンプします。

●メニュー画面での操作

・連続再生

メニュー内のすべての映像を連続で見ることができます。

・コンテンツボタン

各コンテンツを選んで見ることができます。

・戻る

メインメニューに戻ります。

INTRODUCTION

Before TRAINING

序　章

トレーニングを始める前に

2種類のトレーニングでカラダをデザインしよう

理想的な体型になりたいが、筋トレは苦しいし効果が出るまで時間がかかる…と思っている人も多いだろう。しかし「スロー＆クイック」なら手軽にカラダをデザインできる。

カラダのデザインとは筋肉をつけて脂肪を減らすということ

私たちのカラダをデザインしているのは「骨の長さ」「筋肉の大きさ」「脂肪の大きさ」の3つの要素です。骨はもう伸びませんから、カラダを新たにデザインするには、筋肉と脂肪の大きさを変える（＝筋肉をつけて脂肪を減らす）ことが重要になります。上半身であれば、肩や胸、背中の筋肉を鍛え、同時にお腹まわりの脂肪を落とせば、美しい逆三角形の上半身をデザインできます。

速筋を鍛えるスロー＆クイック

私たちの筋肉は25歳あたりをピークに、年齢とともに徐々に減少していきます。よって、加齢にともない基礎代謝（体温維持や全身への血液供給など、生きる上で行なわれるエネルギー活動のこと）が減り、太りやすいカラダになってしまいます。それを防ぐためには、筋肉を鍛えるトレーニングで筋量を維持・増進することがポイントとなります。

筋肉には大きく分けて瞬発力に優れた〝速筋〟と持久力に優れた〝遅

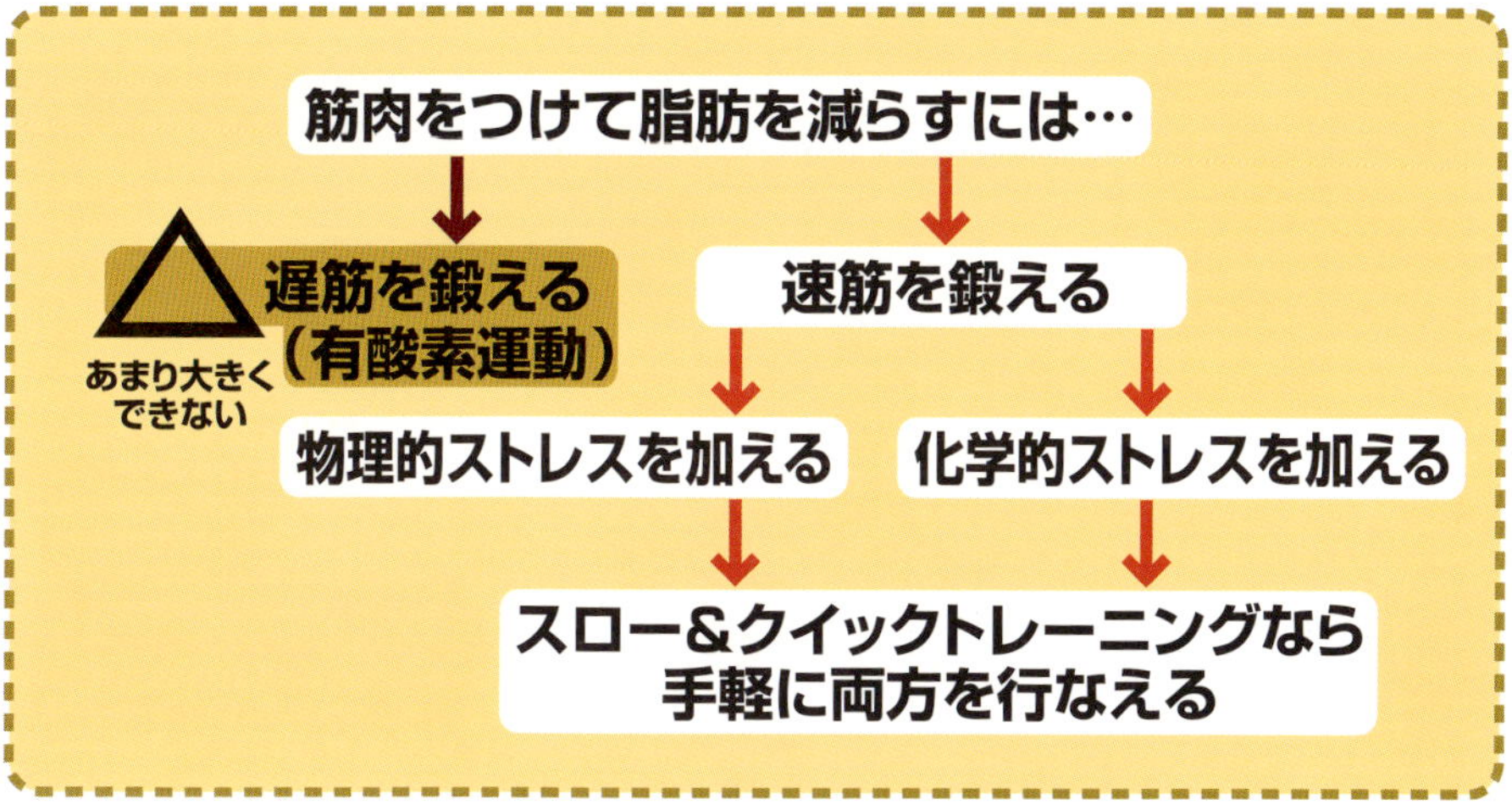

筋〟の2種類があります。主にジョギングなどの有酸素運動で活躍する遅筋は、鍛えてもあまり大きくはできません。それに対し速筋は、筋トレのような無酸素運動で効率よく鍛えて大きくすることができます。そこで速筋を短時間で簡単に大きくすることを目指したのが、本書で紹介する「スロー&クイック」という方法なのです。

スロー&クイックで筋肉をつける

マラソンをすれば持久力が上がり、薄着で過ごしていれば寒さに強くなります。これは私たちのカラダには、与えられた刺激（＝ストレス）に適応する能力があるからです。筋肉を大きくするトレーニングにも、この適応力を用いる必要があります。鍛えたい部位の筋肉に、筋肥大の必要を感じるようなストレスをかけることで、効率よく筋肉を鍛えることができるのです。

この時、筋肉に与えるべきストレスは大きく分けて2つあります。1つは筋肉の中の代謝的環境・化学的環境を苛酷にする「化学的ストレス」、もう1つが筋肉に強い力を与える「物理的ストレス」です。「スロー&クイック」のトレーニングメソッドは、同時にこの2つのストレスを筋肉へ与え、しかも自宅でも簡単に行なえるよう考えてつくられたトレーニングなのです。

ゆっくり動いて筋肉をだます スロートレーニング

軽めの負荷でも、ゆっくりと動作することで、筋肉に「化学的ストレス」を与えるスロートレーニング。力を入れ続けながら動作するところがポイント。

軽めでゆっくりトレーニング

スロートレーニングは、比較的軽めの負荷を用いて、ゆっくりと動作し、筋肉にジワジワと持続的な力を与えるトレーニング方法です。動きを速くすると、どうしても勢いがついてしまい、筋肉への負荷が抜ける瞬間ができてしまいます。ジワジワと筋肉に力がかかり続けるように、常にゆっくりと動くことを意識しましょう。

中腰の状態をキープする「空気椅子」というトレーニングを思い出して下さい。「空気椅子」が辛いのは力を入れ続けているからです。例えばスローで行なうスクワットは、この力を入れ続ける「空気椅子」の状態を維持しながら上下動するような感じになります。

高強度の運動のように筋肉をだます

筋肉はグッと力を込めると硬くなり、その部位の血流が制限されます。これを持続的に行なうと、酸素供給が間に合わなくなり、その部位には無酸素性の代謝物である乳酸がたくさん蓄積されます。(この時の乳酸の蓄積は運動中の一時的なもの。慢性的に乳酸が蓄積した肩コリなどのように、コリが生じるものではない)

手軽で安全に実践できる

スロートレーニングは比較的軽い負荷でできるので、バーベルのような重い道具をそろえたり、ジムに通ったりする必要がない。ただし背面の筋肉は自重だけでは鍛えにくいため、行なう際にはダンベル１組は用意しよう。また負荷の小さいスロートレーニングは、重い負荷を与える一般の筋トレよりも安全で、筋肉や腱を傷める危険性も圧倒的に少ない。

手軽に始められて高い効果が期待できるスロートレーニング。いままでカラダを動かすことを怠けていた人は、関節などにかかる負担も少ない、このトレーニングから始めてみよう。

私たちは実験を繰り返す中で、スロートレーニングで蓄積される乳酸の量は高強度の筋トレをした時と同程度であることを知りました。そこで、ゆっくりと持続的に動くことで、乳酸がたくさん蓄積する化学的環境を生み出せば、筋肉に激しい運動をしたと勘違いさせることができると気付きました。それが、スロートレーニングなのです。スロートレーニングなら重たいダンベルを上げ下げするような激しい運動を行なわなくても、それと同じような効果を得ることができるのです。

筋肉が膨らむパンプアップ

スロートレーニングで筋肉に乳酸がたくさん蓄積されると、それを薄めるために水分が集まり一時的に筋肉が膨張します。この筋肉がパンパンに張った状態をパンプアップといいます。この乳酸がたまって筋肉がパンプアップするような筋肉内の環境の変化が、筋肉を肥大させる有効な刺激の一つである「化学的ストレス」として筋肉に作用します。比較的軽めの運動で筋肉を効率よくパンプアップできるのが、スロートレーニングの最大のメリットなのです。

切り返しで大きな力をかける クイックトレーニング

切り返しの反動を使って、素早く強く行なうクイックトレーニング。強い力で筋肉に細かな損傷を起こさせる「物理的ストレス」によって、筋肉の発達を促す。

素早く強く切り返す

スロートレーニングの項でも述べたように、筋肉にストレスを与えると、それに適応しようとして筋肥大が起こります。スロートレーニングでは筋肉をパンプアップさせることで、筋肉に「化学的ストレス」を与えましたが、クイックトレーニングでは、より強い力によって、もう1つのストレスである「物理的ストレス」を与えます。

クイックトレーニングは動作を切り返す瞬間に素早く、強く動作することが大切。なぜならば、筋肉にかかる力は、ダンベルや自分の体重に、それらを動かした時の加速度をかけ算した数値で決まるからです。よって扱う負荷の重量が小さくても、加速を速くすれば、それだけ筋肉に強い力をかけることができるのです。クイックトレーニングなら、自分の体重や小さなダンベルだけでも、筋肉に十分な「物理的ストレス」を与えることができます。

筋損傷が起こるクイック

クイックトレーニングは筋肉が微細な損傷を起こす筋損傷を、効果的に引き起こすことができます。筋損傷は筋肉が伸びながら力を発揮する時（これを「エキセントリック収縮」と呼ぶ）に強く起こる

ケガには十分注意しよう

　クイックトレーニングは、切り返しの瞬間に強い力がかかるので、それだけケガをするリスクも高い。そこで、まずはスロートレーニングを十分にできる体力をつけてからクイックトレーニングを始めるようにしよう。

　また始める前には必ずウォームアップを行なうことも忘れないように！　ゆっくりとした動きで３～５回、さらに軽く反動をつけて３～５回ウォームアップを行なうようにしよう。

ものでで、たとえばバーベルを下ろす動作や階段を降りる動作がこれに当たります。クイックでは動作を切り返す瞬間に強い「エキセントリック収縮」をするので、微細な筋損傷を起こすことができます。損傷した筋肉は筋肉痛を引き起こすのが特徴。山登りをした翌日、よく筋肉痛になりますが、それは山を登っている時よりも、下っている時に筋損傷が起きたからなのです。そして、この筋肉痛からの回復が筋肉をその前より大きく成長させているのです。

スポーツが上手くなるクイック

　ダイナミックな動きでは、私たちは切り返しの反動を使うことで大きな力を得ています。たとえばジャンプをする時、しゃがんだ姿勢からではなく、勢いよくしゃがみ込んでから動作を切り返して跳び上がると、より高く跳べます。これはしゃがみ込む力を筋肉の両端にある腱のバネを使って、跳び上がる力に利用しているからです。よく「バネのある動き」という言い方をしますが、それはまさに腱というバネを使った動きなのです。クイックトレーニングは切り返しの動作で、この腱の「バネ作用」を最大限に利用します。そのため「バネのある動き」も巧みになり、野球やゴルフといった一般的なスポーツのパフォーマンスにも向上が見込めます。

本書に登場する各部の筋肉

ここでは本書で登場するさまざまな筋肉を紹介する。各部の筋肉の位置と働きをきちんと確認しておこう。動いている筋肉に意識を集中すれば、トレーニングの効果も上がる。

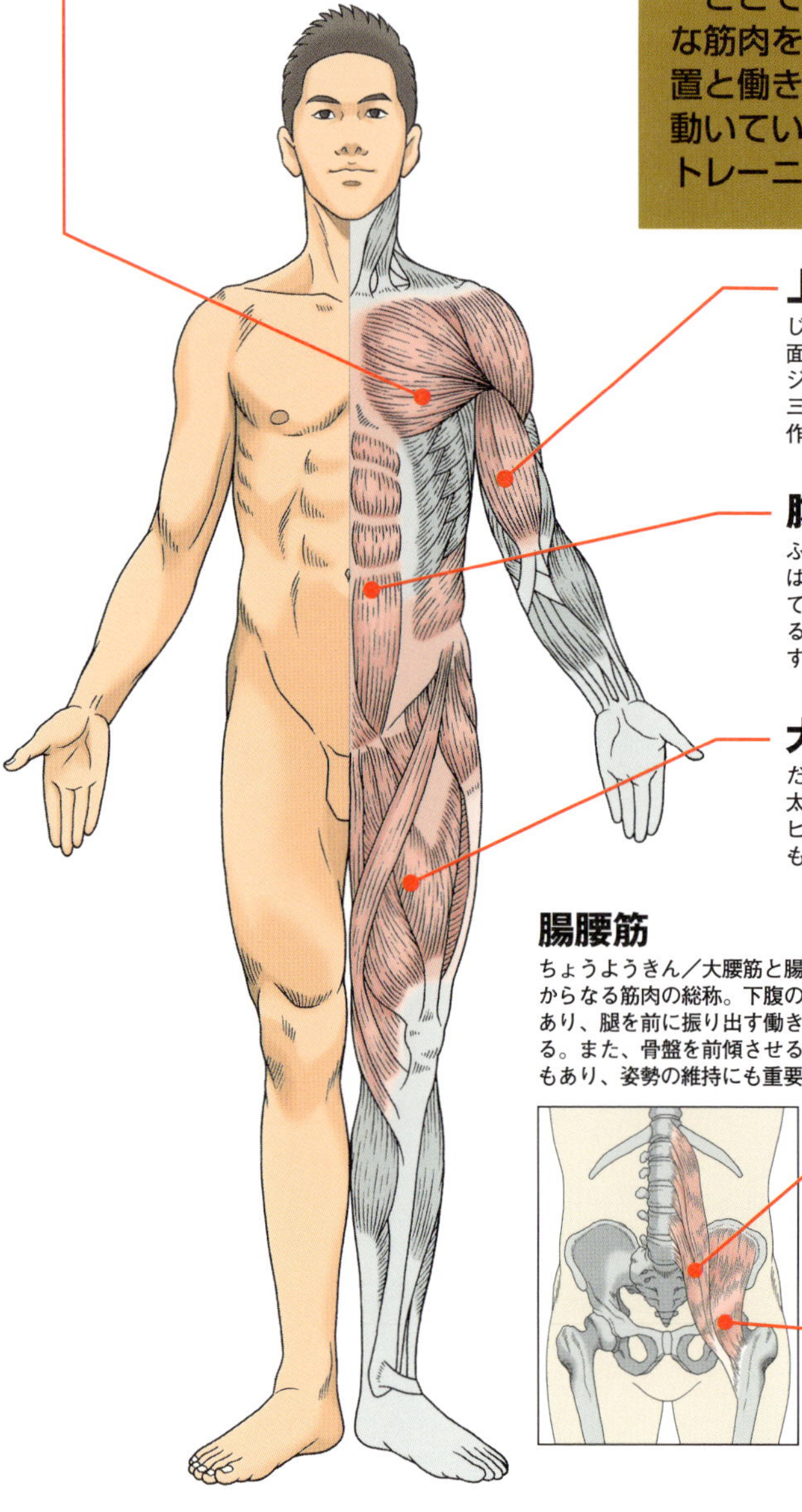

大胸筋

だいきょうきん／胸部の表層をおおっている大きな筋肉。この筋肉を鍛えれば、厚い胸板を作ることができる。たくましい上半身をデザインするのに、最も重要となる筋肉だ。

上腕二頭筋

じょうわんにとうきん／二の腕の前面に位置する「力こぶ」の筋肉。ヒジを曲げる働きをする。ここを上腕三頭筋とともに鍛えれば力強い腕を作りあげることができる。

腹直筋

ふくちょくきん／いわゆる腹筋と呼ばれる部分で、トレーニングによって縦に割れた引き締まったお腹を作ることができる。正しい姿勢を維持する上でも重要な筋肉。

大腿四頭筋

だいたいしとうきん／大腿直筋など太腿の前部に位置する筋肉の総称。ヒザを伸ばす働きをする、人体で最も大きな筋肉。

腸腰筋

ちょうようきん／大腰筋と腸骨筋からなる筋肉の総称。下腹の奥にあり、腿を前に振り出す働きをする。また、骨盤を前傾させる作用もあり、姿勢の維持にも重要。

脊柱起立筋

せきちゅうきりつきん／背すじを後ろに反らせる役割を持つ筋肉の総称。腸肋筋や最長筋などからなる。腹直筋とともに正しい姿勢を維持する上で重要な筋肉。

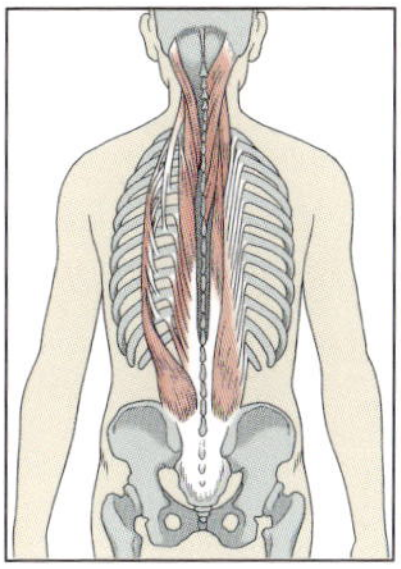

僧帽筋

そうぼうきん／肩から首筋にかけての筋肉。首をすくめたり肩を上下させる動きを担っている。三角筋とともに鍛えることで、すっきりとした首筋を作ることができる。

三角筋

さんかくきん／肩をおおっている大きな筋肉。腕を横に持ち上げる時に大きな役割を担う。この部分を鍛えることで、広くたくましい肩幅をデザインすることができる。

上腕三頭筋

じょうわんさんとうきん／二の腕の後ろ側に位置する筋肉。ヒジを伸ばす動きを担っており、ここをしっかりと鍛えることで二の腕のたるみを防止することができる。

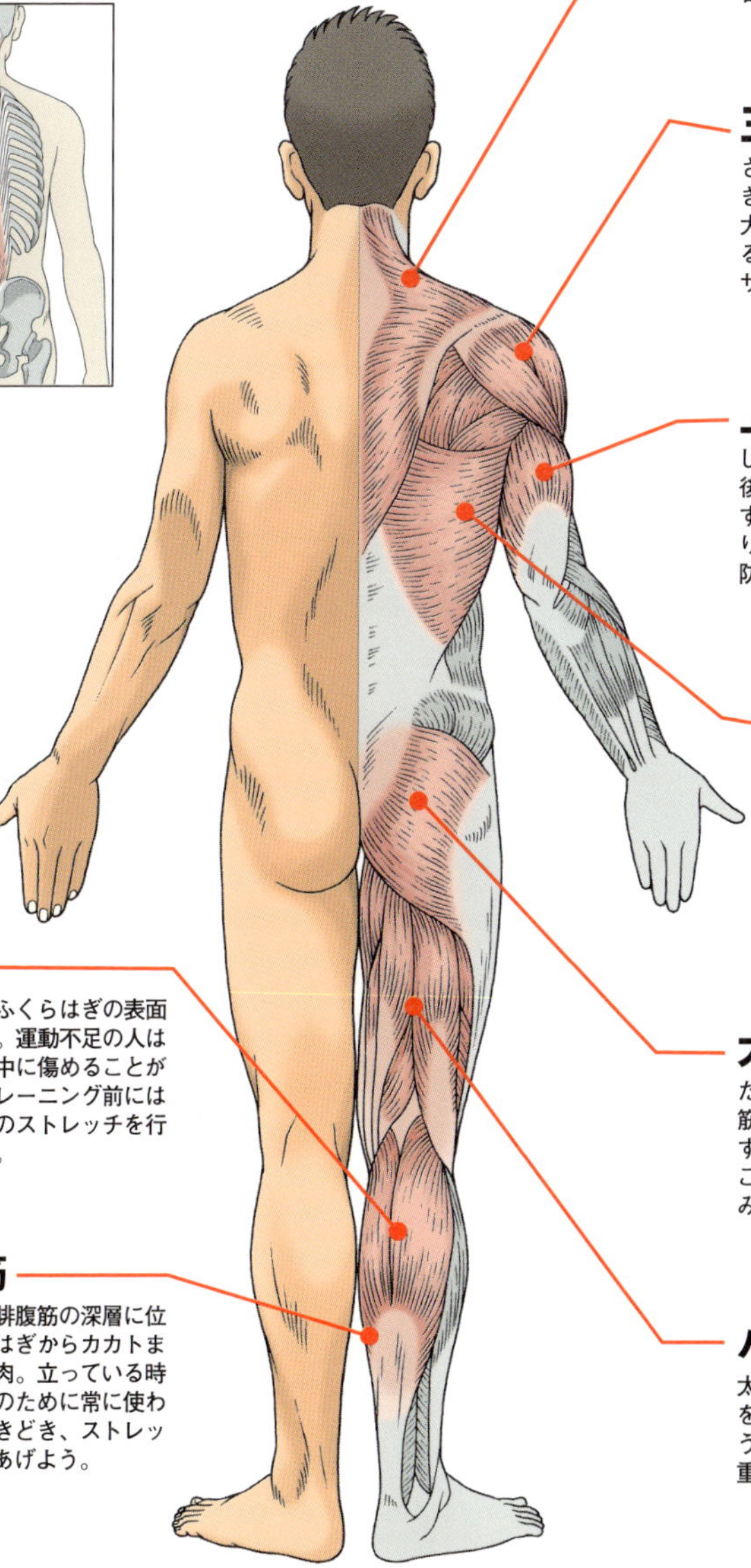

広背筋

こうはいきん／背骨の両側にある大きな筋肉。腕を後方、下方へ引く動作で大きな役割を果たす。三角筋とともに鍛えることで、カラダの背面もたくましい逆三角形に形成できる。

大臀筋

だいでんきん／お尻をおおう大きな筋肉。太腿を後方に振る動きで活躍する。この部分をしっかりと鍛えることで、加齢にともなうお尻のたるみを防止することができる。

ハムストリングス

太腿の裏側にある筋肉の総称。ヒザを曲げたり足を後ろへ蹴る動作を担う。スポーツの能力を上げるうえで重要な部位。

腓腹筋

ひふくきん／ふくらはぎの表面をおおう筋肉。運動不足の人はトレーニング中に傷めることがあるので、トレーニング前には必ずこの部分のストレッチを行なっておこう。

ヒラメ筋

ひらめきん／腓腹筋の深層に位置し、ふくらはぎからカカトまでをおおう筋肉。立っている時は姿勢の維持のために常に使われている。ときどき、ストレッチでほぐしてあげよう。

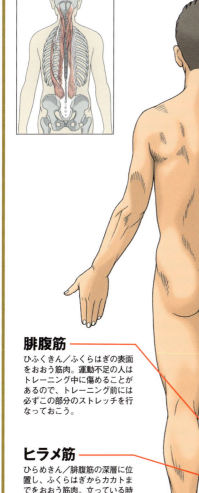

《《《《 事前にこれだけはそろえておこう 》》》》

トレーニングに使用するもの

本書で紹介するトレーニングは、道具を使わずに実践できるものがほとんどだが、以下の4アイテムだけは用意してから始めよう。

ダンベル

本書のトレーニングでは主に3㌔～5㌔のものを使用する。重さを調節できるものが良い。プラスティック製の水を入れるタイプのダンベルでもOK。

椅子

背もたれのあるものを使用する。台座部分が回転したり、キャスターつきのものなど脚が不安定な椅子は不可。背もたれや脚が固定され、安定して座れるものを用意しよう。

タオルまたはマット

床に寝て行なう種目では、安全のためタオルやマットをカラダの下に敷いておくようにしよう。硬い床の上に直接カラダをぶつけると、背骨やお尻を傷める危険がある。

手をつく台

トレーニングの強度を調整するのに使用する。適当な高さの台がない場合は、家庭内にある箱や本などを重ねて代用してもよい。

CHAPTER 1

SLOW TRAINING

第1章

スロートレーニング

スロートレーニングに挑戦しよう

実際にスロートレーニングを実践するためのポイントや注意点を解説しよう。なによりも大事なのはトレーニング動作中に力を抜かないこと。ジワジワと力を入れ続けながら動作しよう。

じっくりと動作して筋肉をだます

筋肉をつけるにはマシンやダンベルを使って、強度の高い無酸素運動…いわゆる「筋トレ」を行なうのが一般的です。しかしジムに通ったり、道具をそろえるのは面倒、重たいダンベルを上げ下げするのはケガをする危険もあるし大変そう…そう思っている人も多いことでしょう。そこで登場するのがこの章で紹介するスロートレーニングです。スロートレーニングは動き方を工夫することで、比較的軽い負荷でもマシンやダンベルで重い負荷をかけた場合と同等の効果を得ることができるのです。ゆっくりジワジワと動くことでたくさんの乳酸を出して、筋肉をパンプアップさせてみましょう。

スロートレーニングを行なう時の
4つのポイント

スロートレーニングのポイントは、ゆっくりした動きで「力を入れ続けて」動作すること。スローな動き自体に意味があるのではなく、ゆっくりした動きは「力を入れ続けながら動作するための手段」。持続的な力を発揮している時、負荷が加わっている部分では血流が制限され、筋肉の中を低酸素状態にしている。そのため、軽い負荷でも効率よく安全に筋肉を鍛えることができる。

①ゆっくり動く

スロートレーニングは「3秒で上げて3秒で下げ、1秒止める」というスピードが基本。ゆっくりと動作することでジワジワと持続的な力を筋肉に与えよう。速く動くとどうしても勢いがついて、力が抜けてしまう瞬間ができてしまう。特に上げ始めと下ろし始めは、動作が速くなりがちなので注意しよう。

②ノンロック

ヒジやヒザを伸ばし切ってしまう（これを関節をロックするという）と、そこで筋肉に加わっていた力が抜けてしまう。動作はヒジやヒザが伸び切る手前まで。スクワットなら立ち上がり切る前にしゃがむ動作へ移行する。

③空気椅子のような状態で動作

中腰の姿勢をキープする空気椅子というトレーニングがありますが、これがきついのは筋肉を休ませることなく常に力を入れているため。スロートレーニングのスクワットは、この空気椅子と同じ状態でカラダを上下させる動きとなる。そのほかの種目についても同じこと。筋肉に力がかかり続けた状態で動作を繰り返すようにしよう。

スロートレーニングで筋肉をパンプアップ

ノンロックかつスローな動きがきちんとできていると、筋肉に多量の乳酸が蓄積する（これが筋肉を発達させるシグナルの1つ）。乳酸が蓄積すると、それを薄めるために水分が集まってきて一時的に筋肉が水膨れの状態となり膨張する。これがパンプアップだ。

トレーニング中に筋肉が熱くなり張ってきた感じがすれば、スロートレーニングがうまくできている証拠。逆に筋肉が張らないようなら、動作をどこかでごまかしているはずだ。

※実践するときの注意 同じ種目は２日続けて行なわず、最低でも中１日以上の間隔をあける。週２～４回の頻度で。

プッシュアップ ≫ PUSH UP

ヒジを伸ばし切らずに繰り返す！

いわゆる腕立て伏せの運動だが、これをヒジを伸ばし切らずにゆっくり行なう。常に筋肉に負荷がかかるようになり、通常の腕立て伏せより相当きつくなるので、ヒザをついてやってみよう。ヒジを伸ばすというよりも、ヒジを前方に押し出す感覚で行なうと、両腕の筋肉だけでなく、胸の筋肉をしっかりと使うことができる。

目安 5～10回

スタートの姿勢

1 ヒザをつき手の幅を肩幅の1.5倍くらいにとる。深くヒジを曲げた姿勢で1秒間静止してからスタート。

フィニッシュの姿勢

2 ヒジが伸び切る直前まで3秒かけて腕を伸ばしていき、ヒジが伸び切る手前から、再び3秒かけて**1**へ戻る。

×NG

腕を伸ばし切らない

腕を伸ばし切ってしまうと、負荷が抜けてしまう。

×NG

お腹を床につけない！

お腹がついた状態では効果的な運動にならない。上体は真っすぐに。

鍛えられるポイント

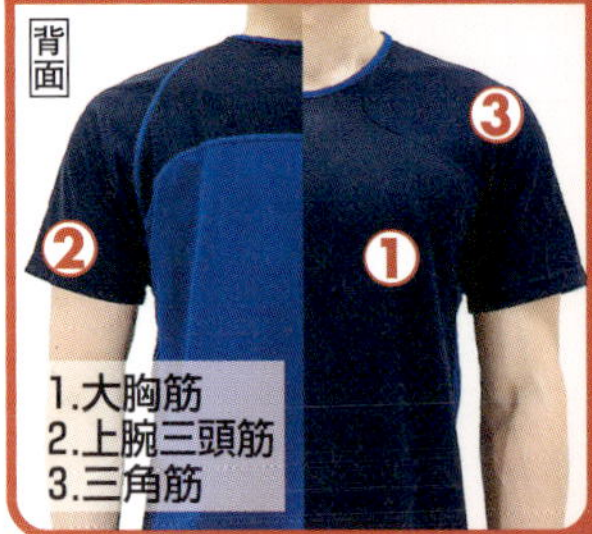

レベル調整

ヒザを伸ばして挑戦

負荷が軽すぎるという人は、ヒザを伸ばして行なおう。

机を使って角度をつける

負荷が重すぎる人は、机など、ある程度の高さがあるところに手をついて行なう。手をつく位置が高いほど楽にできる。

応用トレーニング

台を使ってより深く

台を使うことでより深く腕を曲げることができる。胸のストレッチ感を意識して、深くカラダを沈めてみよう。

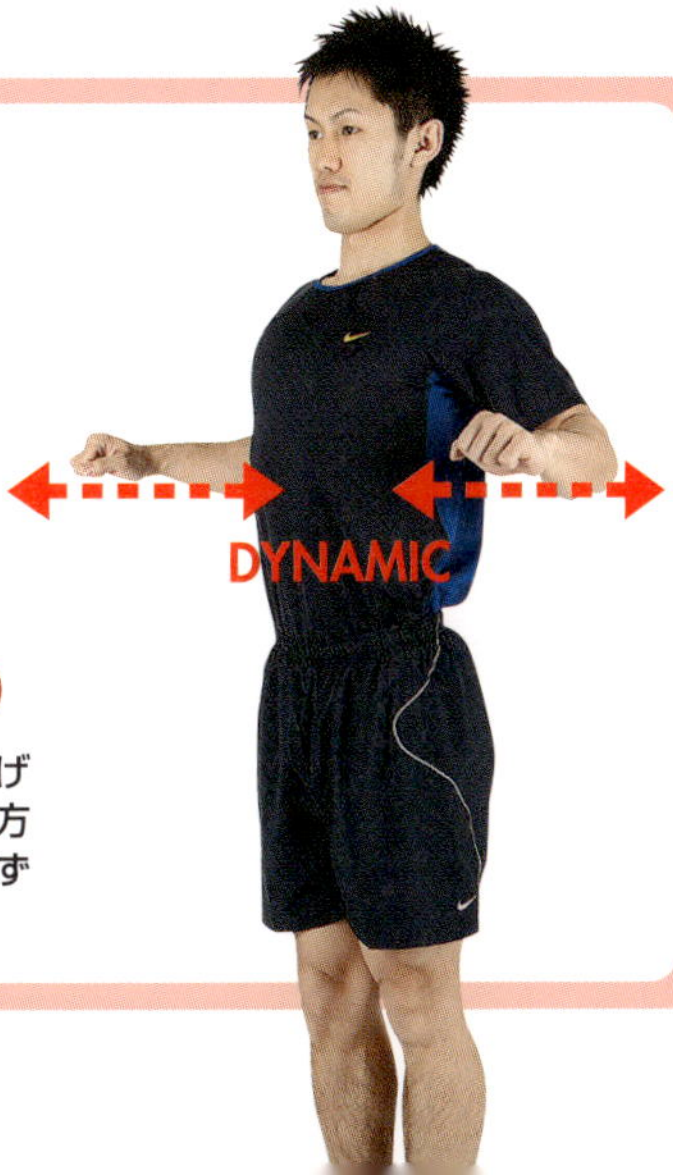

アフターケア（ストレッチ）

真っすぐに前を見て胸を張り、ヒジを軽く曲げる。反動を使いながら、リズミカルにヒジを後方に5回引いて、胸の筋肉を伸ばす。背中を丸めずにしっかり胸を張って行なおう。

ダンベルプレス ≫DUMBBELL PRESS

ダンベルを上下させて肩を鍛える

しっかりと胸を張った姿勢でダンベルを肩の横にかまえ、そこから垂直に上下させる。スタート姿勢では、両脇を開いてダンベルを肩より外側に広く持つ。きちんと肩に負荷がかかっていることを意識しながらトレーニングを行なおう。フィニッシュではしっかりと腕を伸ばし切る。

スタートの姿勢

1 足を肩幅の広さに開き、脇を開いて、ダンベルを肩の外側に広い手幅で持つ。1秒静止してからスタート。

フィニッシュの姿勢

2 3秒かけてダンベルを「そのまま真上」に上げる。腕を伸ばし切ったら再び3秒かけて**1**の姿勢に戻ろう。

目安 5〜10回

×NG 脇をしっかりと開く

脇を締めてダンベルを完全に下げると、負荷が抜けてしまう。

×NG 頭の真上には上げない

頭の真上に持ち上げると、上げ切ったところで負荷が抜けてしまう。

鍛えられるポイント

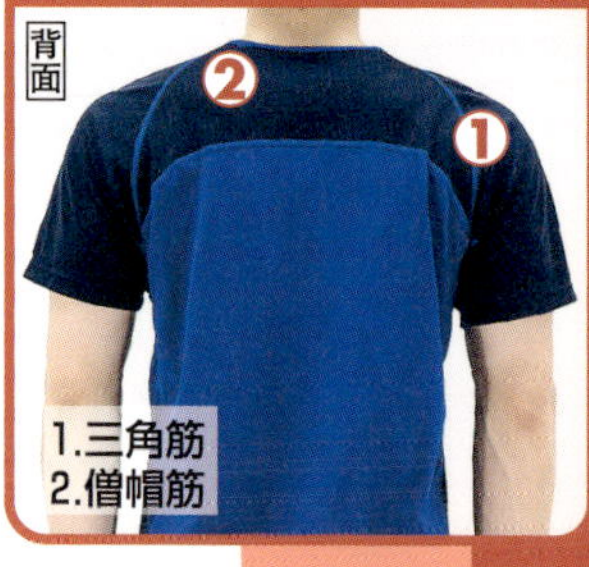

レベル調整

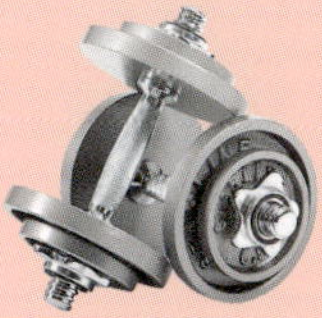

ダンベルの重さを変えて調整する。個人差はあるが、一般的な目安は5キロ前後。

応用トレーニング

アーノルドプレス

腕をひねりながらのダンベルプレス。アーノルド・シュワルツェネッガーが好んで行なったことから、この名前がついた。三角筋の前、横、後ろと肩の広範囲に効果がある。

アフターケア（ストレッチ）

片方の腕をもう片方の腕で抱えるようにして、胸の前で交差させる。抱えた腕を胸の方へリズミカルに引き寄せ、肩の筋肉を伸ばす。これを左右それぞれ5回ずつ行なう。

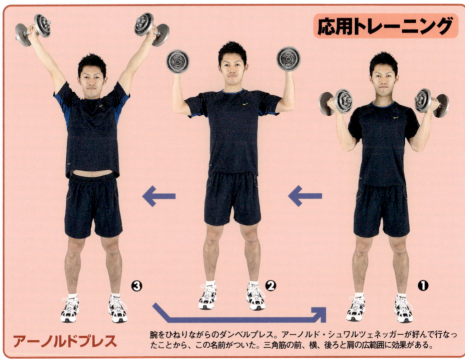

リアレイズ
>> REAR RAISE

ダンベルを用いて、背面に刺激を与える

ヒザを軽く曲げて上半身を前に倒し、両手に持ったダンベルをカラダの斜め後ろへ引き上げる。カラダの背面の筋肉は、なかなか意識しにくく鍛えづらい。しっかりと背中の筋肉を使うことを意識して行なおう。両腕のヒジを斜め後方に引き上げる感覚で行なうのがコツ。

スタートの姿勢

1

前傾して胸を張り、下ろした腕を後方へ少し上げたところで1秒静止してからスタート。

フィニッシュの姿勢

2

3秒かけてダンベルを斜め後方へ引き、再び3秒かけて1の姿勢に戻る。

目安 5～10回

×NG ダンベルを下ろし切らない

ダンベルを肩の真下に下ろすと負荷が抜けてしまう。

×NG 猫背にならないよう注意

背中を丸めると腰を傷めやすい。胸を張って背すじは真っすぐに！

鍛えられるポイント

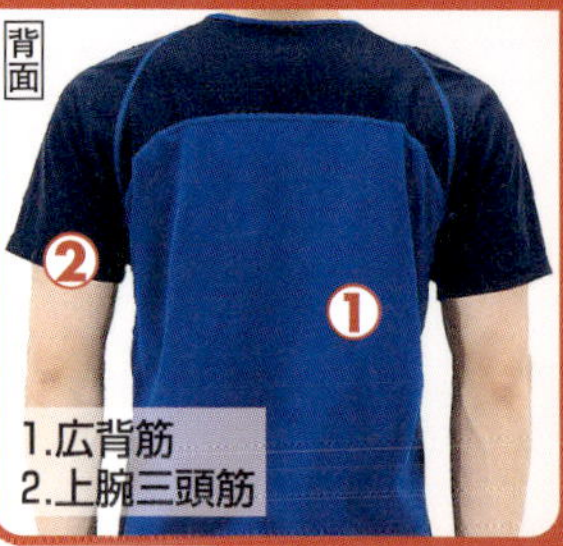

レベル調整

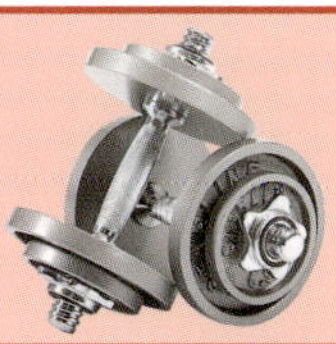

筋力、コンディションを考慮し、ダンベルの重さを変えて調整する。個人差はあるが、一般的な目安は5㌔前後。

応用トレーニング

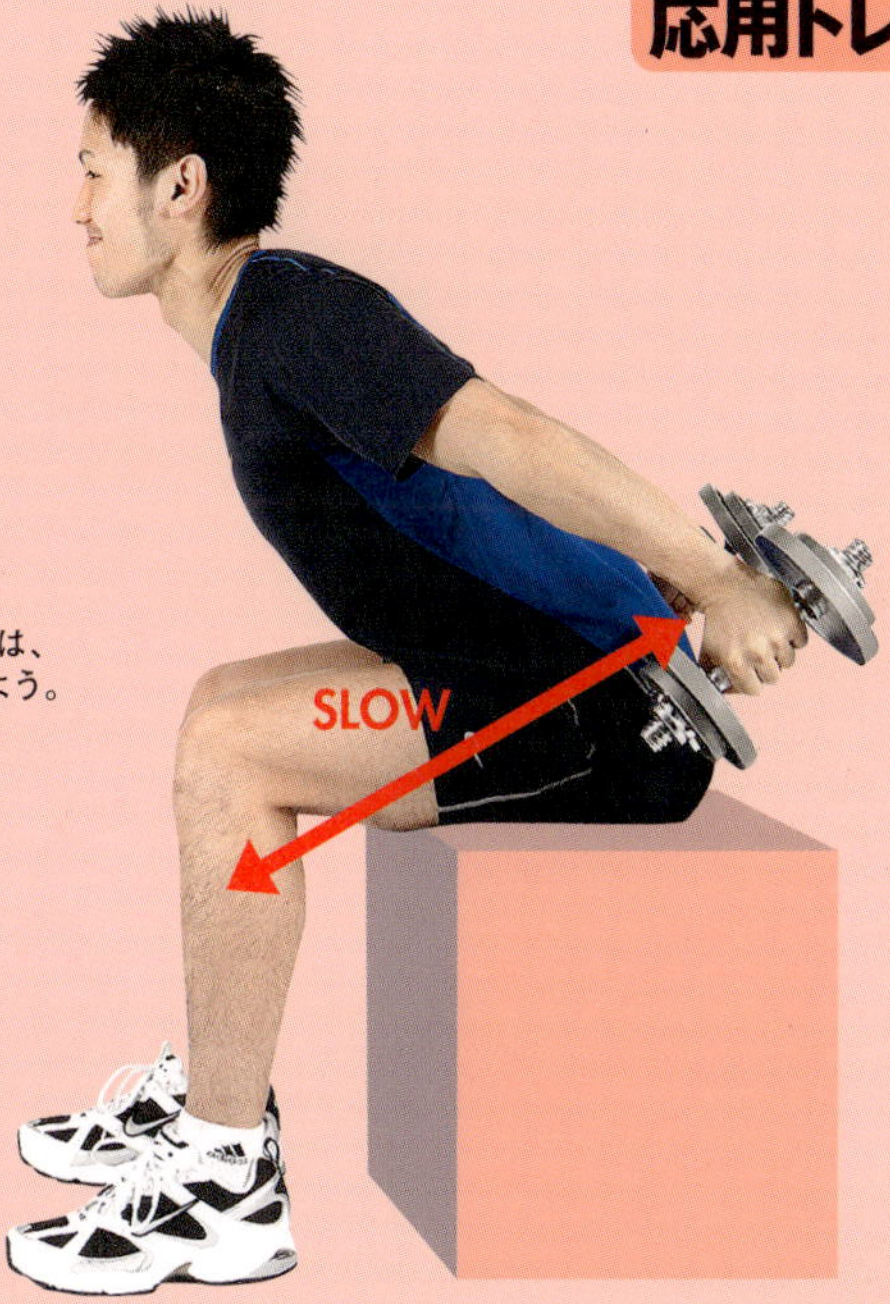

椅子に座って行なう

中腰の姿勢では腰が痛むという人は、同じ動作を椅子に座ってやってみよう。

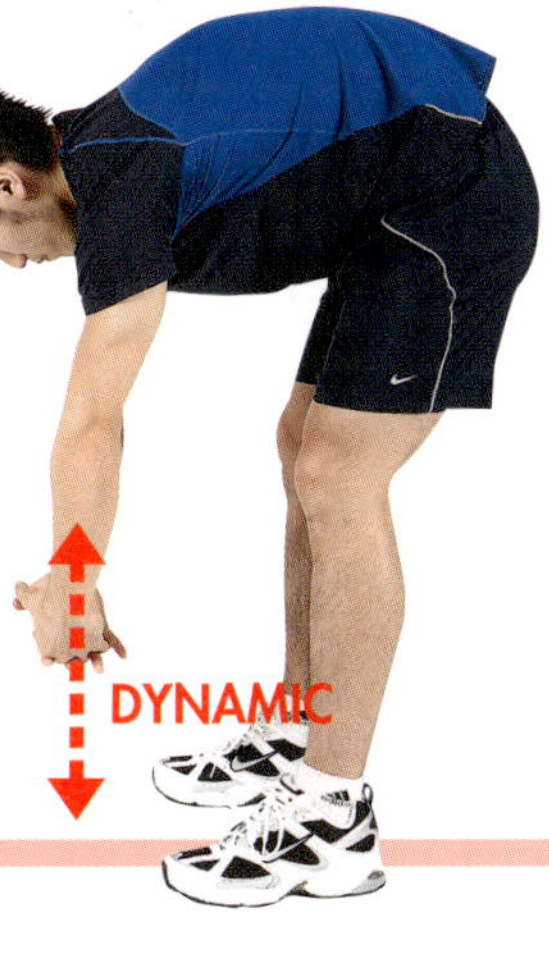

アフターケア（ストレッチ）

両足を肩幅ほどに軽く開き、両手を組んでリズミカルに前屈して背中の筋肉を伸ばす。カラダを前に倒すというよりも反動を使って組んだ両手を下へ押し出すように行なう。この動作を5回ほど繰り返す。

スクワット≫SQUAT

効率よく下半身を鍛えよう!

ポピュラーなトレーニング法で、下半身全体の筋肉を効率よく鍛えることができる。上半身を地面と垂直に立てて行なうほど、太腿やヒザへの負荷が大きくなる。ヒザが痛むという人は上半身を少し前傾させて行なうとよい。フィニッシュの際にヒザを伸ばし切らないように注意しよう。

目安 5〜10回

1 胸を張ってお尻を引き、しゃがんだ姿勢で1秒止まってからスタート。

スタートの姿勢

2 3秒かけてヒザが伸び切る直前まで立ち上がり、再び3秒かけて**1**の姿勢へ戻る。

フィニッシュの姿勢

×NG ヒザを出さない

上体を起こしすぎるとヒザに大きな負担がかかり、ヒザを傷めやすくなる。

×NG 完全に立ち上がらない

ヒザを伸ばし切って立ち上がると、負荷が抜けてしまう。

鍛えられるポイント

1.大腿四頭筋
2.ハムストリングス
3.大臀筋

レベル調整

UP❶ 強度を高める

深くしゃがむ

しゃがみを深くすると、それだけ負荷が大きくなる。

UP❷ 強度を高める

ダンベルを持って行なう

ダンベルなどを持って行なえば、その重さの分だけ負荷が大きくなる。

負荷を軽くして DOWN

浅くしゃがむ

スタートの姿勢でしゃがみを浅くすると、負荷が軽くなる。

応用トレーニング

ブルガリアンスクワット

椅子などの台を利用して片足ずつ行なえば、強度が上がる。椅子に乗せた方の足を引く動作を意識すると、大腰筋も強化される。

アフターケア（ストレッチ）

両足を肩幅ほどに軽く開き、ヒザに手を当てて屈伸を行ない、腿の前後の筋肉を伸ばす。反動を使ってリズミカルに５回程度繰り返す。

クランチ ≫CRUNCH

みぞおちを中心に上半身を持ち上げる

通常の腹筋と同じく上半身を持ち上げる動作だが、この時みぞおちを支点として上半身を起こすことで、より効果的に腹筋（主に上部）へ負荷をかけられる。スタートも頭は地面から浮かした状態で行ない、常に腹筋への負荷をかけるようにしよう。

目安 5～10回

スタートの姿勢

1 寝ころんでヒザを立て手を胸の前で組む。そこから首と肩を少しだけ上げ、1秒止まってからスタート。

フィニッシュの姿勢

2 みぞおちから上半身を丸めていくように3秒かけて頭を上げる。再び3秒かけて**1**の姿勢に戻る。

×NG

頭を床につけない

頭を床まで下ろしてしまうと、負荷が抜けてしまう。

×NG

首だけを上げないように

首を上げ下げするだけでは腹筋の運動にはならない。

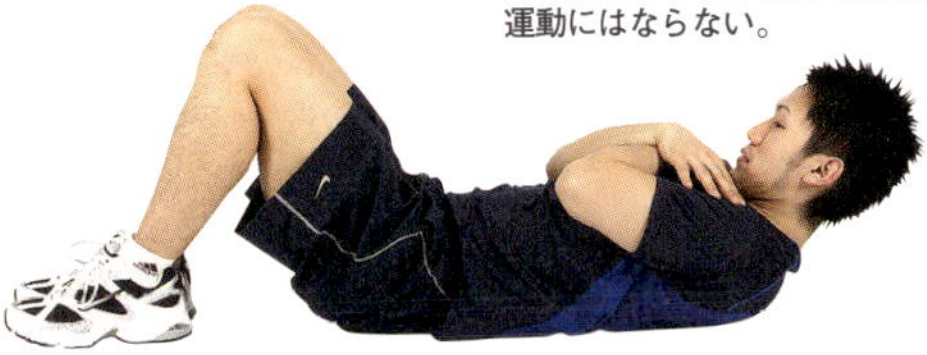

鍛えられるポイント

レベル調整

UP
強度を高める

手を頭の後ろで組む

負荷が軽すぎるという人は、両手を頭の後ろで組んでやってみよう。

両手を足に沿わせる

両手を足に沿わせて行なうと負荷が小さくなる。

負荷を軽くして
DOWN

応用トレーニング

ツイストクランチ

ひねりを加えることで脇腹の筋肉も鍛えられる。上げてからひねるのではなく、カラダをひねりながら上体を起こそう。左右交互ではなく、同じ向きに連続して行なう。

アフターケア（ストレッチ）

うつ伏せになり、両手を床につけて上半身を起こす。その姿勢でゆっくりと腰を反らせて10秒間、お腹の筋肉を伸ばす。腰を傷める恐れがあるので反動はつけない。

ニーtoチェスト ≫KNEE to CHEST

足を上下させて腹筋を鍛える

椅子に腰を下ろした姿勢から、両足を胸に近づけていく。この動作によって腹筋（主に下腹部）へ効果的に負荷をかけることができる。両足は下げた際にも床から浮かせるようにして、常に腹部に負荷がかかった状態をつくる。また、あまり深く椅子に腰かけると、負荷が軽くなってしまうので注意したい。

目安 5〜10回

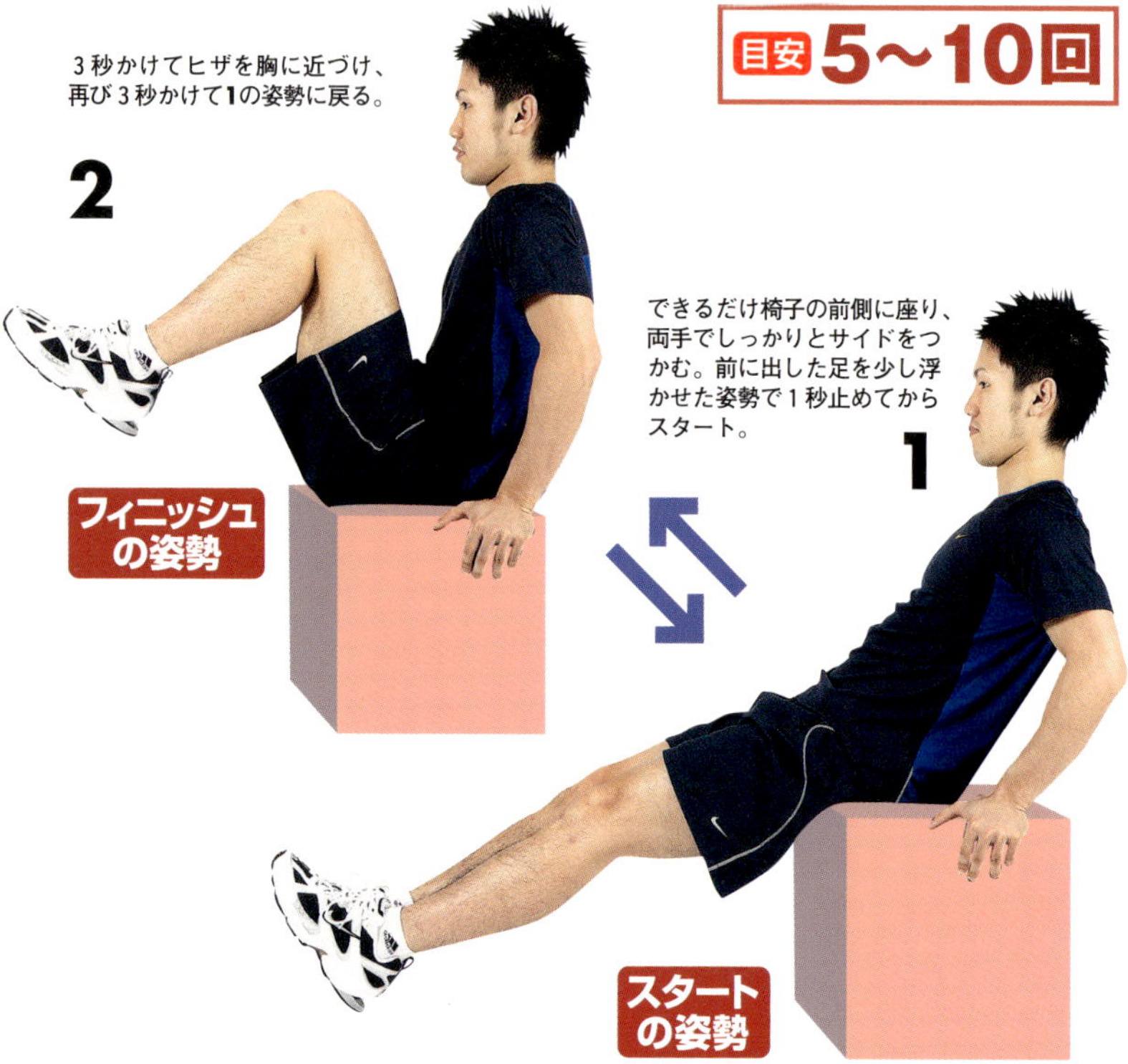

2
3秒かけてヒザを胸に近づけ、再び3秒かけて**1**の姿勢に戻る。

1
できるだけ椅子の前側に座り、両手でしっかりとサイドをつかむ。前に出した足を少し浮かせた姿勢で1秒止めてからスタート。

深く腰かけないように ×NG

椅子に深く腰かけてしまうと、足を伸ばした際の腹筋にかかる負荷が軽くなってしまう。

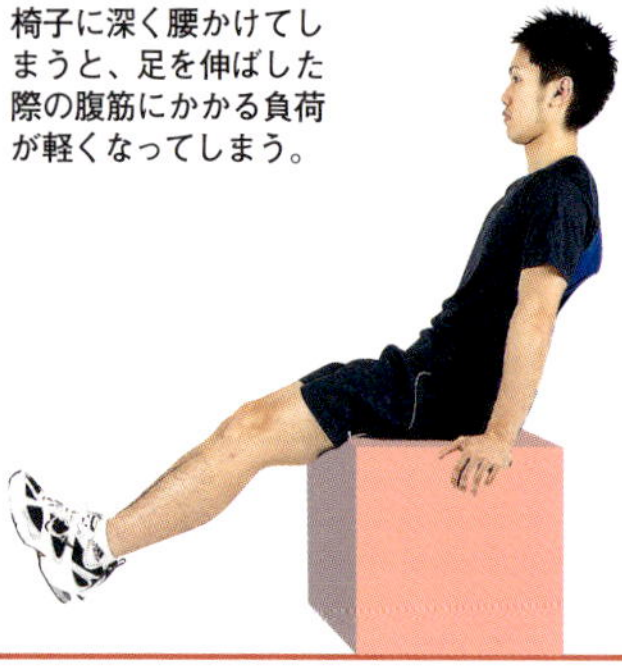

足を床に下ろし切らない ×NG

足を床に下ろし切ってしまうと、負荷が抜けてしまう。

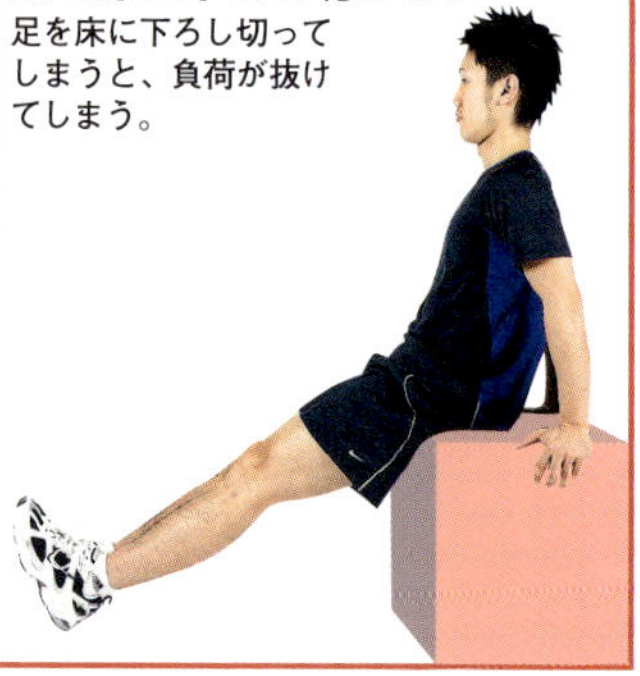

鍛えられるポイント

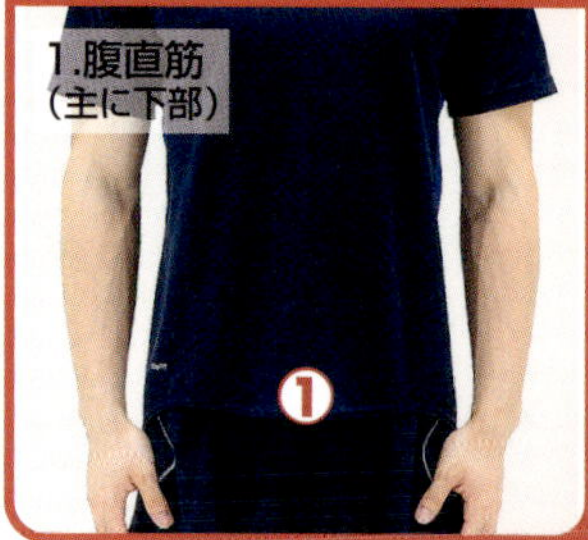

レベル調整

ヒザを曲げたままで

負荷が重すぎる人はヒザを曲げたままで足を上げ下げしてみよう。

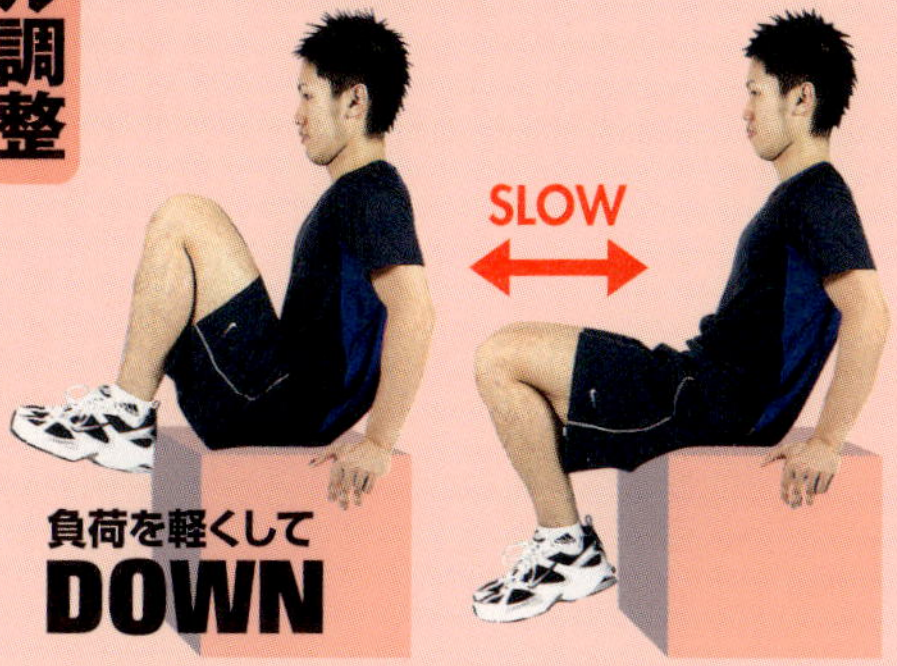

ヒザを伸ばしたままで

負荷が軽すぎる人はヒザを伸ばしたままにして足を上げ下げしてみよう。

応用トレーニング

レッグレイズ

寝ころんで足を上げ下げする。「ニーtoチェスト」で腰や背中がつらい人はこのバージョンで。

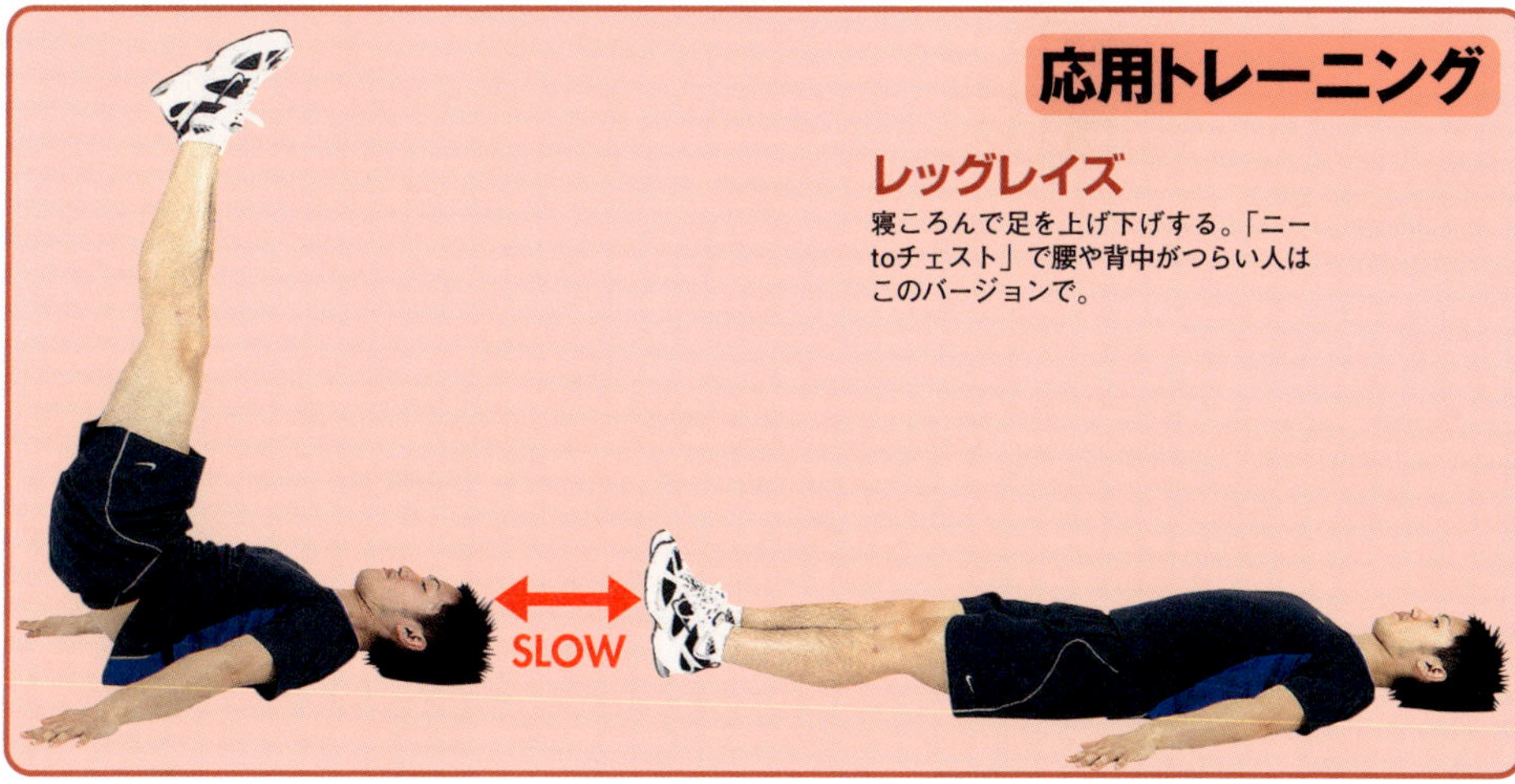

アフターケア（ストレッチ）

うつ伏せになり、両手を床につけて上半身を起こす。その姿勢でゆっくりと腰を反らせて10秒間、お腹の筋肉を伸ばす。腰を傷める恐れがあるので反動はつけない。

体幹グッドモーニング

»BODY CORE EXERCISE

みぞおちを支点に上体を起こす

背中を丸めた姿勢からゆっくりと上半身を起こし、背筋群を鍛えよう。この時、股関節を支点にして上半身を起こすのではなく、みぞおち辺りに支点を定め背すじを伸ばしていく。

目安 5～10回

スタートの姿勢

1

両足を肩幅に開いて立ち、手を胸の前で組む。腰を落とし背中を丸めておへそをのぞき込むような姿勢で1秒静止してからスタート。

フィニッシュの姿勢

2

みぞおちを中心に3秒かけてゆっくりカラダを起こしていく。カラダを起こし切らないで再び3秒かけて**1**の姿勢に戻る。

×NG

股関節を支点にしない

股関節を支点にして上半身を起こすと背筋群にあまり負荷がかからない。

×NG

上半身を完全に起こさない

上半身を完全に起こしてしまうと、負荷が抜けてしまう。

鍛えられるポイント

背面

1.脊柱起立筋
2.大臀筋
3.ハムストリングス

応用トレーニング

椅子に座ってトライ!

立って行なうと腰が痛むという人は、椅子に座ってやってみよう。

レベル調整

両手で尻、腿裏を触って

負荷が重すぎると感じる人は両手を尻、腿裏の辺りにくっつけて行なおう。

両手を頭の後ろで組む

負荷が軽すぎると感じる人は両手を頭の後ろで組んで行なおう。

アフターケア（ストレッチ）

　両足を肩幅ほどに軽く開き、両手を組んでリズミカルに前屈して、腰の筋肉を伸ばす。この動作を5回ほど繰り返す。

SLOW TRAINING 08

腕前のスロートレーニング

アームカール ≫ARM CURL

ダンベルを使って上腕の筋肉を鍛える

力こぶの上腕二頭筋を鍛える、非常にポピュラーなトレーニング種目。ヒジをカラダの前に出して固定するのがポイント。またダンベルを上下する時に、上げ切ったり下げ切ったりして、負荷が抜けてしまうことのないように注意したい。

スタートの姿勢

1 両手にダンベルを持ち、ヒジをカラダの前方に出し、1秒間静止してからスタート。

フィニッシュの姿勢

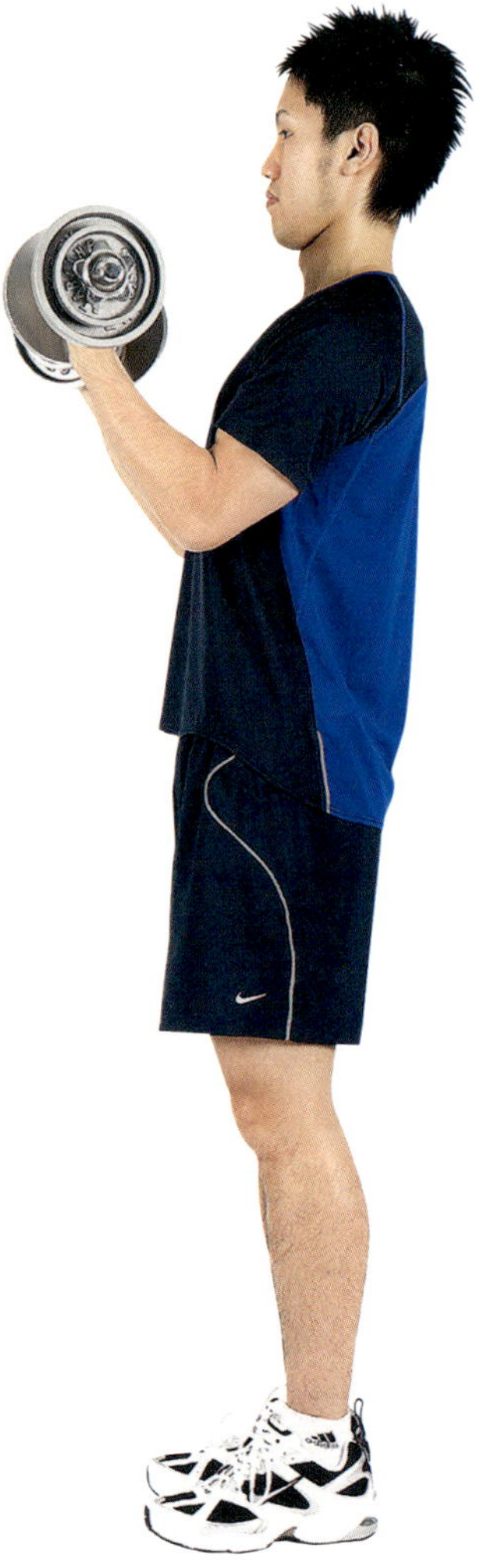

2 ヒジを前方に出した位置はそのままに、3秒かけてダンベルを肩の高さまで上げる。再び3秒かけて**1**の姿勢に戻る。

目安 5〜10回

鍛えられるポイント

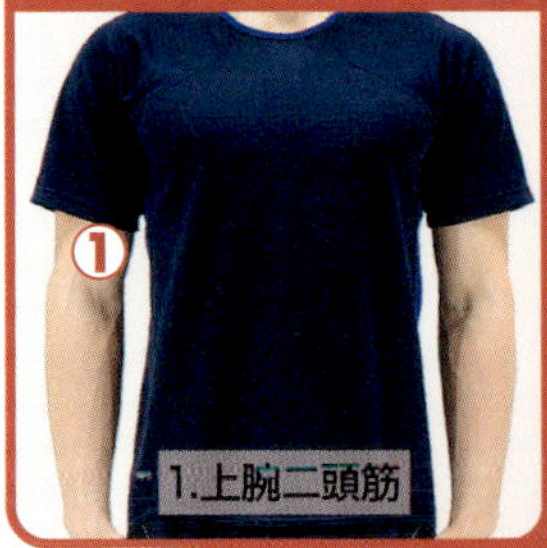

レベル調整

ダンベルの重さを変えて調整してみよう。個人差はあるが、一般的な目安は3キロ前後。

×NG

ダンベルを上げ切らない

ダンベルを肩の上まで完全に上げ切っても負荷が抜けてしまう。

×NG

ダンベルを下ろし切らない

肩の真下までダンベルを下ろしてしまうと、負荷が抜けてしまう。

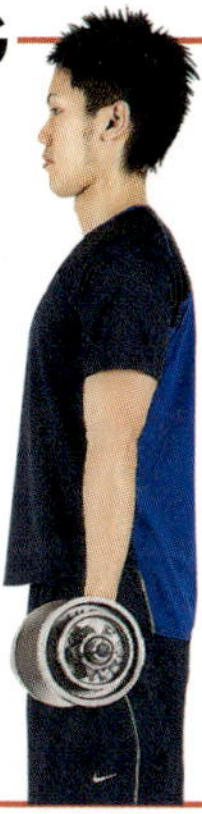

アフターケア（ストレッチ）

両足を肩幅に開き、両腕を肩と同じ高さまで上げる。その姿勢で両腕をリズミカルにカラダの後方に引いて腕の筋肉を伸ばす。ヒジを伸ばしたまま5回ほど行なおう。力こぶを上に向けた状態で掌を下に向けて行なうと、よりしっかりとストレッチすることができる。

応用トレーニング

ハンマーカール

ダンベルを縦に向けた状態で行なうバリエーション。上腕二頭筋の下にある上腕筋に強い負荷をかけられる。

ナロースタンス・プッシュアップ

NARROW STANCE PUSH UP

両手の間隔を狭くしたプッシュアップ

両手の間隔を狭くすることで上腕の裏側へ重点的に負荷を加えられる。18頁で紹介したプッシュアップと同じ要領で行ない、腕は伸ばし切らないように注意する。また両手の指先をカラダの前方に向けてつき、脇をしっかりと締めた状態で行なおう。

スタートの姿勢

1

ヒザを曲げ両手を肩幅の位置につく。深くヒジを曲げた姿勢で1秒静止してからスタート。

目安 5～10回

フィニッシュの姿勢

2

ヒジが伸び切る直前まで3秒かけて腕を伸ばし、再び3秒かけて1の姿勢に戻る。

×NG 腕を伸ばし切らない

腕を伸ばし切ってしまうと、負荷が抜けてしまう。

×NG お腹を接地させない

お腹を床につけた状態では効果的な運動にならない。上体は真っすぐに。

鍛えられるポイント

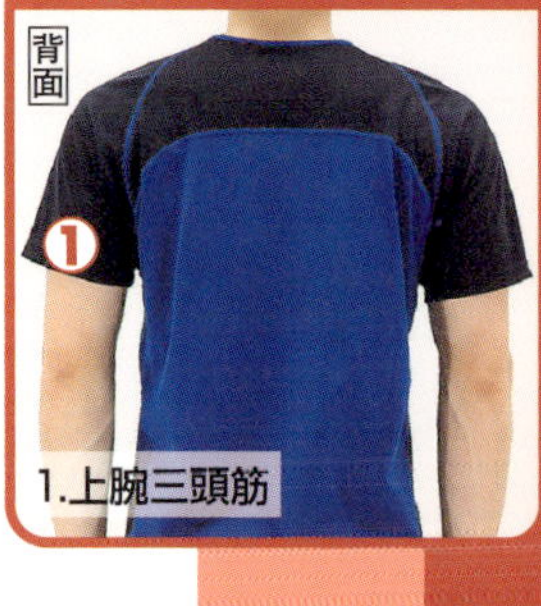

1.上腕三頭筋

レベル調整

机を用いて角度をつける

負荷が重すぎると感じる人は、机などある程度の高さがあるところに手をついてやってみよう。

ヒザを伸ばして挑戦

負荷が軽すぎると感じる人は、ヒザを伸ばしてやってみよう。

応用トレーニング

椅子を使ったディップス

椅子（台）を使ってカラダの後方でヒジの曲げ伸ばしをする。腕裏の外側に強い負荷がかかる。

アフターケア（ストレッチ）

片手をもう片方の手のヒジに当て、リズミカルに下へと押し、腕の裏の筋肉を伸ばす。左右それぞれ、5回ずつ行なおう。

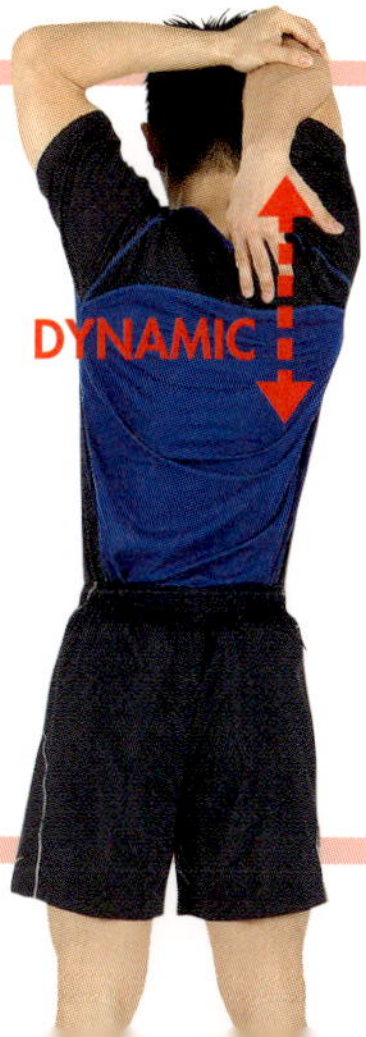

COLUMN 1

外食はカラダに悪い？

問題は自由奔放な選び方に

外食は好きなものを選べる

一般に外食は、カラダに悪い・肥満のもとというイメージがあり、反対に家で作った食事には健康的なイメージがあるようです。しかし外食産業が私たちをわざわざ不健康にしようとしているわけはなく、実際に「外食＝カラダに悪い」とは言い切れません。ではなぜこのような印象を持たれているのでしょうか？

その問題はメニューの選び方にあります。外食だとどこへ行っても非常に豊富なメニューがあります。そして食べる側はその中から自分の食べたいものを好きに選ぶことができます。この選択の自由が、人によって外食をカラダに悪いものにしているのです。揚げ物が好きで野菜が嫌いといった嗜好の人には、外食はどこまでも不健康な食事になり得ます。しかしその逆に、自由に選択ができる外食は、健康志向の人には家で作る以上にヘルシーな食事にもなり得るのです。多品目の食材を摂取しやすいことも利点です。家で作る際に30品目を満たすのは大変ですが、外食ならそれも容易ですよね。そう考えるとむしろ外食はカラダによいともいえそうです。

「家庭料理＝健康」とも限らない

家の食事がヘルシーというイメージがあるのは、食事を作る人が家族の健康を意識してメニューを考えている場合が多いからでしょう。こちらも外食と同じで、不健康な嗜好の人が、自分の好きなものだけを作っていたらカラダによくない食事になってしまいます。

問題は外食自体ではなくメニューの選び方にあるのです。メニューを選ぶ際に〝油ものは控える〟〝副菜を1品つける〟〝肉よりも魚を優先する〟といった選び方をすれば、むしろ外食はカラダにいいものになります。最近はカロリーや塩分の含有量を表示している店も多いので、選ぶ時の判断材料も豊富。とはいえ、あまりストイックになっては食事を楽しめません。おいしく食べられる範囲で、少し気をつけてみてはいかがでしょうか？

CHAPTER 2

QUICK TRAINING

第2章

クイックトレーニング

クイックトレーニングに挑戦しよう

ここではクイックトレーニングを実践する際のポイントや注意点を解説する。ケガには十分注意して、できるだけ素早く力強くカラダを動かしてみよう。

素早く切り返して強い力を与える

クイックトレーニングはスロートレーニングとは対称的に、いかに素早く力強く動作を切り返すかが重要になります。この時、反動を使ってカラダのバネを利用すれば、筋肉へより大きな力をかけることができ、大きな効果が得られるでしょう。しかし、かなりハードな運動となるので、運動不足の人はスロートレーニングが十分にこなせるようになってから挑戦して下さい。

クイックトレーニングを行なう時の
3つのポイント

パンパンにパンプアップさせることで筋肉に化学的な刺激を与えるスロートレーニングに対し、クイックトレーニングは素早く強く切り返す動作で筋肉に物理的刺激を与える運動。強く全力で行なうほど、大きな力を筋肉に加えることができる。スロートレーニングとは、また違った角度から、筋肉を鍛えてみよう。

①全力でできるだけ速く

筋肉にかかる力はダンベルなどの重さ（質量）だけでなく、それを動かす時の加速度で決まる（力＝質量×加速度／F＝ｍａ）。よって筋肉に強い力をかけるには、できるだけスピードをつける必要があり、全力で素早く動作することが大切になる。

②切り返しの動作を意識

下ろす動作から上げる動作へとカラダを切り返す時に、筋肉に最も強い力がかかる。この時の動作を特に意識して、強く切り返すようにしよう。

素早く切り返す!!

③ケガをしないよう注意

クイックトレーニングはカラダの切り返しの時、瞬間的に強い力がかかる運動。それだけケガのリスクも大きくなるので、十分にカラダを慣らしてから行なうことが大切だ。スロートレーニングの項目をきちんとこなせる体力がついてから始めよう。またクイックを行なう時は、しっかりとウォームアップをしておくことも忘れずに。ゆっくりと3～5回、さらに軽く反動をつけて3～5回ウォームアップを行なうように。

体力を十分つけてから
挑戦しよう!!

※実践する時の注意　同じ種目は２日続けて行なわず、最低でも中１日以上の間隔をあける。週２～４回の頻度で。

クイック・プッシュアップジャンプ

≫QUICK PUSH UP JUMP

ジャンプしながら行なう腕立て伏せ

反動で勢いをつけて、できるだけ強く、高く跳んでみよう。なお、ダイナミックな動作はケガにつながりやすいので、集中力を切らさず十分な注意を払いトライしよう。

目安 8~10回

1

肩幅の1.5倍くらいの間隔に両手をつき、勢いよく腕を曲げて上体を落とす。

2

上体を落とす反動で勢いをつけて全力でジャンプ。

×NG 指先を内側に向けない

指先を内側に向けると手首を傷めやすいので、必ず前方に向ける。

×NG 顔をぶつけないよう注意

着地の際に床に顔をぶつけると大変危険。

鍛えられるポイント

応用トレーニング

ジャンプの瞬間に手をたたく

ジャンプしたところで1回手をたたく。しっかり高く跳べていないとなかなか難しい。できる人は手をたたく回数を2回に増やしてみよう。

アフターケア（ストレッチ）

真っすぐ立った姿勢で両手をカラダの後ろで組む。組んだ両手を下へ引き、胸を張ってゆっくりと胸の筋肉を10秒間伸ばす。

VARIATION クイック・プッシュアップ

　プッシュアップを応用したクイックトレーニング。腕立て伏せの姿勢からお尻を高く上げ、カラダを反らす動作の反動を利用して腕立て伏せを行なう。

目安 8〜10回

1 腕立て伏せの姿勢からお尻を引いて胸から上体を落とす。

2 お尻を下げると同時に胸を反らす。

3 勢いよく腕を伸ばす。

クイック・ダンベルプレス

QUICK DUMBBELL PRESS

ヒザの動きを使ってダンベルを上げる

ヒザを少し曲げ、小さくしゃがんだ姿勢から立ち上がる力を利用して、ダンベルを頭上に勢いよく上げる。背中を丸めて行なうと、腰を傷めやすいので、しっかりと背すじを伸ばしてやってみよう。ダンベルの重さは5㌔程度が目安。

目安 8~10回

1 ダンベルを両肩の上に持ち、足を肩幅ほどに開いてヒザを軽く曲げる。

2 ヒザを伸ばして、立ち上がる力を使って…。

3 できるだけ勢いよくヒジを伸ばしてダンベルを持ち上げる。

×NG

背中を丸めない

背中が丸まっていると、腰を傷めやすくなる。

鍛えられるポイント

応用トレーニング

チーティング・アーノルドプレス

目安 8〜10回

手首をひねりながら行なうバリエーション。トレーニングの要領は、クイック・ダンベルプレスとほぼ同じだが、三角筋の前、横、後ろと広い範囲に効果がある。

1 脇を締め、ダンベルを両肩の前にかまえて足を肩幅ほどに開いてヒザを軽く曲げておく。

2 ヒザを伸ばして、立ち上がる力を使って…。

3 手首を返しながら勢いよくヒジを伸ばしてダンベルを持ち上げる。

アフターケア（ストレッチ）

片方の腕をもう片方の腕で抱えるようにして、胸の前で交差させる。抱えた腕を胸の側へゆっくりと引き寄せ、肩の筋肉を伸ばす。これを左右それぞれ10秒間ずつ行なう。

クイック・リアレイズ

≫QUICK REAR RAISE

勢いよくダンベルを後方へ引き上げる

　ヒザを軽く曲げて上半身を前に倒した姿勢から、ヒザを伸ばして立ち上がる力を使って、ダンベルをカラダの斜め後ろへ引き上げる。しっかりと背中の筋肉を使うことを意識して、できるだけ勢いよくダンベルを上げる。ダンベルの重さは5キロ程度が目安。

目安 8〜10回

1 両足を肩幅くらいに開いてダンベルを持って立つ。カラダを前傾させて胸を張る。

2 ヒザを伸ばして起き上がる力を使って…。

3 できるだけ勢いよくダンベルを上げる。

鍛えられるポイント

1.広背筋
2.上腕三頭筋

応用トレーニング

椅子に座って行なう

中腰の姿勢で腰が痛むという人は、同じ動作を椅子に座ってやってみよう。

×NG

背中を丸めない

背中が丸まっていると、腰を傷めやすくなる。

アフターケア（ストレッチ）

両手を組んで前屈。組んだ両手を下へ押し出しながら、カラダを前にゆっくりと倒し、背中の筋肉を伸ばす。この動作を10秒間行なう。

足のクイックトレーニング

クイック・スクワットジャンプ

»QUICK SQUAT JUMP

しゃがみこんだ反動を利用してジャンプ

勢いよくしゃがみこむ反動で、全身を使って大きくジャンプする。2回目からは、着地した際の反動を利用して、より大きく高く跳び上がろう。カラダ全体を使ったダイナミックな運動で消耗も激しいが、それだけ大きな効果が得られる。

目安 8〜10回

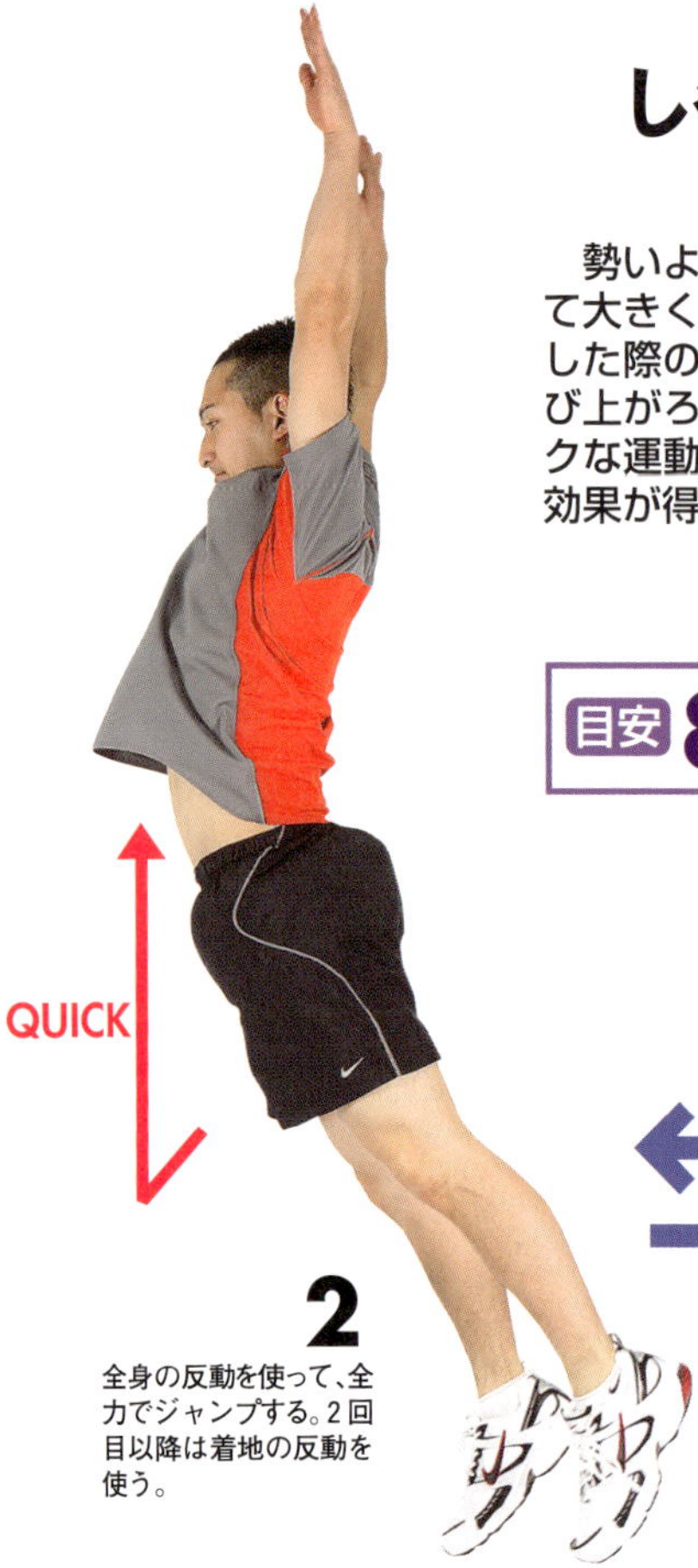

1

両足を肩幅ほどに開いて立った姿勢から、両手を振り下ろして勢いよくしゃがみこむ。

2

全身の反動を使って、全力でジャンプする。2回目以降は着地の反動を使う。

アフターケア（ストレッチ）

ここでのストレッチは2種類。まずはヒザを曲げて上体を後方に倒し、ゆっくりと腿の前の筋肉を伸ばす（写真右）。さらにヒザを伸ばして前屈し、ゆっくりと腿の裏の筋肉を伸ばす（写真下）。どちらも10秒間ずつ行なう。

鍛えられるポイント

1.大腿四頭筋
2.ハムストリングス
3.大臀筋

応用トレーニング

ブルガリアン・スクワットジャンプ

椅子などの台を利用して片足ずつ行なえば、強度も上がる。椅子に乗せた方の足を引く動作を意識すると、大腰筋も強化される。

VARIATION クイック・スクワット

腕の振りを利用しながらヒザの曲げ伸ばしを行なう、いわゆるヒンズースクワット。リズミカルに勢いよく行なおう。

目安 8～10回

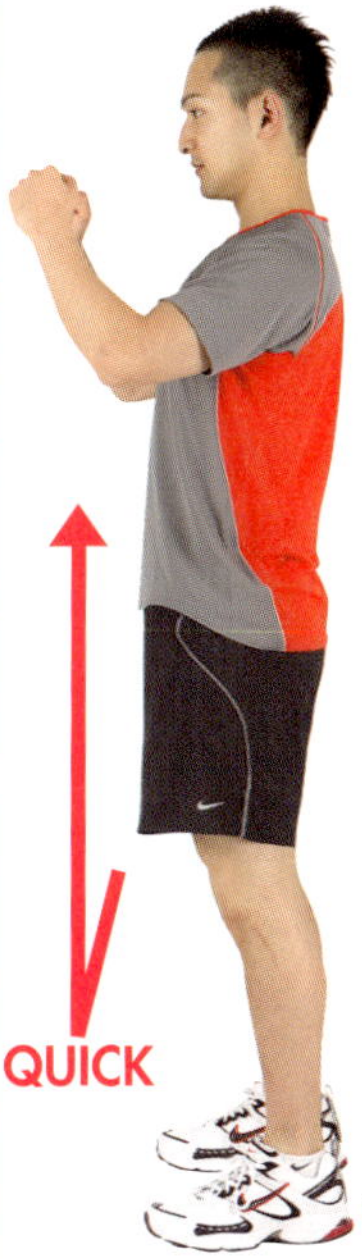

1 両足を肩幅ほどに開いて真っすぐに立った姿勢から、上体をやや前傾して、両手を後ろに振る。

2 両腕をカラダの前方に振りながら勢いよくしゃがみこむ。

3 勢いをつけて一気に立ち上がる。

×NG ヒザを前に出さない

上体を起こしすぎるとヒザに大きな負担がかかり、ヒザを傷めやすくなる。

×NG ヒザを内側に向けない

ヒザは真っすぐ前に向けよう。内側や外側に向けるとヒザを傷める。

クイック・シットアップ
≫QUICK SIT UP

お尻を落とす反動を利用した腹筋運動

上げたお尻を床に落とし、その反動を利用して腹筋運動を行なう。お尻のアップダウンと上半身の動きを連動させ、できるだけ勢いよくカラダを起こす。また、このトレーニングをする際には、腰やお尻を傷めないよう、必ず床にタオルやマットを敷いて行なおう。

1 お尻の下にタオルなどを敷き、寝ころんでヒザを立てる。手を頭の後ろに組み、お尻を上げる。

2 お尻を落とす反動を使って…。

目安 8〜10回

3 勢いよく上半身を起こす。

×NG

必ずタオルを敷いて行なう

下に何も敷かずに床の上で行なうと腰を傷めてしまうので注意！

鍛えられるポイント

応用トレーニング

クイック・ツイストシットアップ

ひねりを加えることで脇腹の筋肉が鍛えられる。上体を上げてからひねるのではなく、ひねりを加えながら上体を起こしていこう。

1 お尻の下にタオルなどを敷き、寝ころんでヒザを立てる。手を頭の後ろで組み、お尻を上げ、上半身を斜めにひねる。

2 お尻を落とす反動を使って…。

3 勢いよく上半身をひねりながら起こす。これを左右交互に行なう。

目安 8〜10回

アフターケア（ストレッチ）

うつ伏せになり、両手を接地させ腕を伸ばし上半身を起こす。その姿勢でゆっくりと腰を反らせて10秒間、お腹の筋肉を伸ばす。腰を傷める恐れがあるので反動はつけない。

クイック・ニーtoチェスト
»QUICK KNEE to CHEST

素早く反復して下腹部を刺激!

ヒザを胸に引きつける動作を、できるだけ素早くリズミカルに行なう。ヒザを引きつける時、上体を少し起こして胸を前に出す。下腹部あたりを意識して行なおう。

目安 8~10回

1 床に座り両足を前に出し、後方に手をつく。

QUICK

2 素早くヒザを胸に引きつけて戻す。反動を使ってできるだけ速く反復する。

×NG
バラバラでは駄目!

両足がバラバラだと動作がしにくい。両足をしっかり揃えて行なおう。

鍛えられるポイント

応用トレーニング

クイックV字シットアップ

手足を伸ばして寝た姿勢から、一気に指先と足先を近づける、いわゆるV字腹筋。やや強度の高いバリエーションだが、上体を起こしてできるだけ高い位置で手足をタッチさせよう。

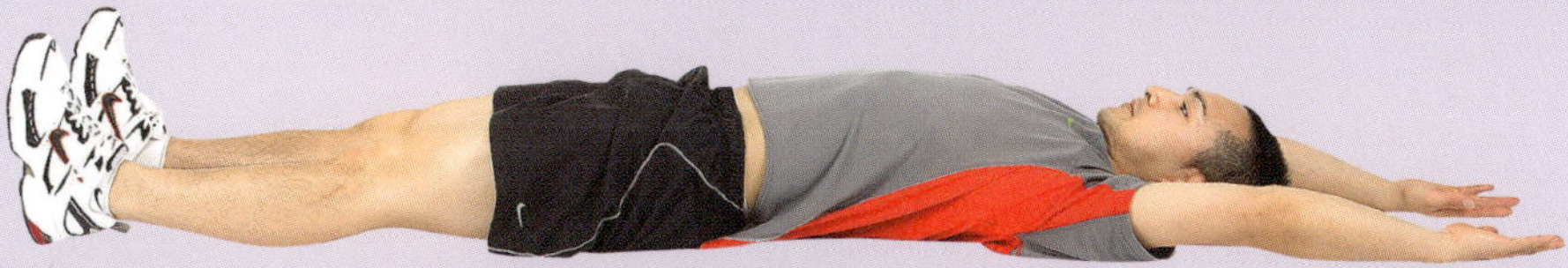

1 仰向けに寝て両手両足を伸ばす。

QUICK

目安 8〜10回

2 勢いよく両手両足を近づけ、カラダでVの字を作る。ヒザはできるだけ曲げない。

アフターケア（ストレッチ）

うつ伏せになり、両手を接地させ腕を伸ばし上半身を起こす。その姿勢でゆっくりと腰を反らせて10秒間、お腹の筋肉を伸ばす。腰を傷める恐れがあるので反動はつけない。

クイック・ハイパー・バックエクステンション
≫QUICK HYPER BACK EXTENSION

大きく反って背面の筋肉を鍛える

うつ伏せの姿勢から両手両足を瞬間的に浮かせ、脊柱起立筋を中心とした背面の筋肉のトレーニングを行なう。顔だけを上げ下げするのではなく、しっかりと背中を反ってダイナミックに手足を振り上げるように心がけよう。

目安 8〜10回

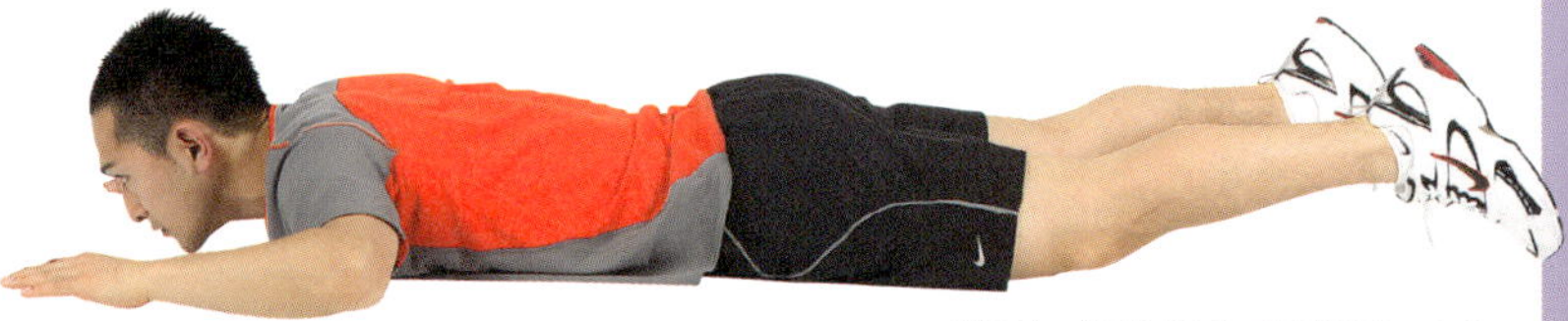

1 床にうつ伏せに寝て、両足は真っすぐ伸ばす。ヒジは軽く曲げておく。

2 勢いよく背中を反って手足を振り上げる。2回目以降は、下ろす時の反動を使って行なう。

×NG
反りすぎないように

極端に背中を反らせると腰を傷めてしまう。注意して行なおう。

×NG
顔だけの上げ下げでは駄目

顔を上下させるだけでは背筋群の運動にならない。

鍛えられるポイント

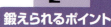

応用トレーニング　ツイストクイック・バックエクステンション

ひねりを加えたバリエーション。対角にある手足を交互に上げる。

目安 8~10回

1 右頁のスタートの姿勢から、まずは右手と左足を同時に上げる。

2 一度スタートの姿勢に戻ってから、今度は左手と右足を同時に上げる。これを繰り返す。

アフターケア（ストレッチ）

両手を組んで前屈。組んだ両手を下へ押し出しながら、カラダを前にゆっくりと倒し、背中の筋肉を伸ばす。この動作を10秒間行なう。

クイック・アームカール
≫QUICK ARM CURL

ダンベルを勢いよく持ち上げ上腕を鍛える

ヒザを伸ばす反動を使って、ダンベルを勢いよく持ち上げる。ヒザの曲げ伸ばしとダンベルを引き上げる両腕の動きを連動させ、できるだけ勢いよくダンベルを上げよう。

目安 8~10回

1 両足を肩幅ほどに開いてダンベルを持ち、軽くヒザを曲げる。

2 ヒザを伸ばし上体を反らす力を使って…。

3 勢いよく腕を曲げてダンベルを持ち上げる。

鍛えられるポイント

応用トレーニング

クイック・ハンマーカール

手首を返さずに真っすぐダンベルを持ち上げるバリエーション。上腕筋や腕とう骨筋が鍛えられる。

✕NG

背中を丸めない

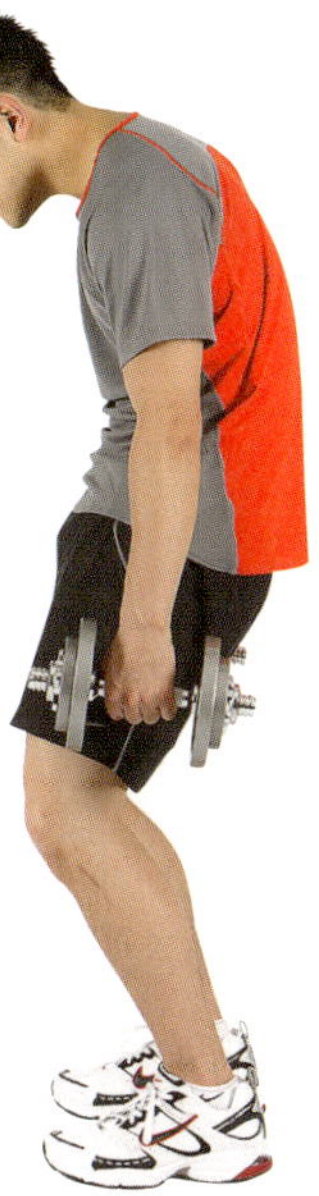

背中が丸まっていると、腰を傷めやすくなる。

アフターケア（ストレッチ）

カラダの後ろに置いた椅子の背もたれをつかみ、正座するように座る。両手で背もたれをつかんだまま、ゆっくりと上体を起こして胸を張り、腕の前の筋肉を伸ばす。その姿勢を10秒間保とう。

QUICK TRAINING 09

腕裏のクイックトレーニング

クイック・ナロースタンス・プッシュアップジャンプ

≫QUICK NARROW STANCE PUSH UP JUMP

上腕の裏側を鍛える！

両手の間隔を狭くしてクイック・プッシュアップジャンプ（40頁を参照）を行なう。これにより上腕の裏側へ重点的に負荷を加えられる。上体を宙に浮かせた際には両掌を重ねる。勢い余って顔を床にぶつけないよう注意！また両手の指先はカラダの前方に向け、脇をしっかりと締めることも忘れないように。

1 肩幅の間隔で両手をついて、勢いよく腕を曲げて上体を落とす。

目安 8~10回

2 反動で勢いをつけて全力でジャンプ。

アフターケア（ストレッチ）

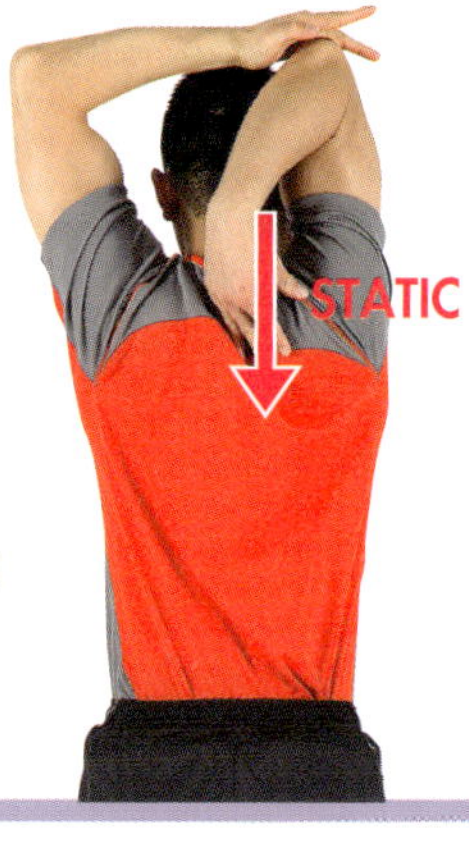

片手でもう片方の手のヒジを持ち、そのヒジをゆっくりと10秒間下へ押す。腕の裏の筋肉を伸ばす。左右両方行なおう。

鍛えられるポイント

×NG

顔を床にぶつけないように

勢いがついているので床に顔をぶつけると大変危険…注意しよう。

応用トレーニング

クイック・ディップス

椅子を使ってカラダの後方でヒジの曲げ伸ばしをする。お尻を下げる時の反動を使って、できるだけ勢いよくヒジを伸ばそう。

VARIATION クイック・ナロースタンス・プッシュアップ

両手の間隔を肩幅に保ちクイック・プッシュアップ(41頁を参照)を行なう。お尻を高く上げた後、カラダを反らす動作の反動を利用しての腕立て伏せ…勢いをつけてトライ！

目安 8〜10回

1 両手は肩幅につき、お尻を上げる。

2 胸から上体を落とす。

3 お尻を落としながら胸を反らす反動を使って勢いよく腕を伸ばす。

BEGINNER'S MENU

運動不足の人は…
ビギナーズメニューでカラダを慣らそう

普段から運動不足の人は、まずは負荷の軽いメニューで始めよう。スロートレーニングは比較的カラダへの負担が軽い運動だが、無理は禁物。各種目の紹介頁にある「レベル調整・DOWN」バージョンでメニューを組んで、トレーニングを始めよう。

スロートレーニングのビギナーズメニュー

腹1

スロー・クランチ

5〜10回
可能な範囲で

足

スロー・スクワット
浅くしゃがんで

5〜10回
可能な範囲で

背中

スロー・リアレイズ
軽いダンベルで

5〜10回
可能な範囲で

肩

スロー・ダンベルプレス
軽いダンベルで

5〜10回
可能な範囲で

胸

スロー・プッシュアップ

5〜10回
可能な範囲で

腕背面

スロー・ナロースタンス・プッシュアップ

5〜10回
可能な範囲で

腕前面

スロー・アームカール
軽い負荷で

5〜10回
可能な範囲で

背筋

スロー・体幹グッドモーニング

5〜10回
可能な範囲で

腹2

スロー・ニーtoチェスト

5〜10回
可能な範囲で

※実践する時の注意
同じ種目は2日続けて行なわず、最低でも中1日以上の間隔をあける。週2〜4回の頻度で。

CHAPTER 3

COORDINATION TRAINING

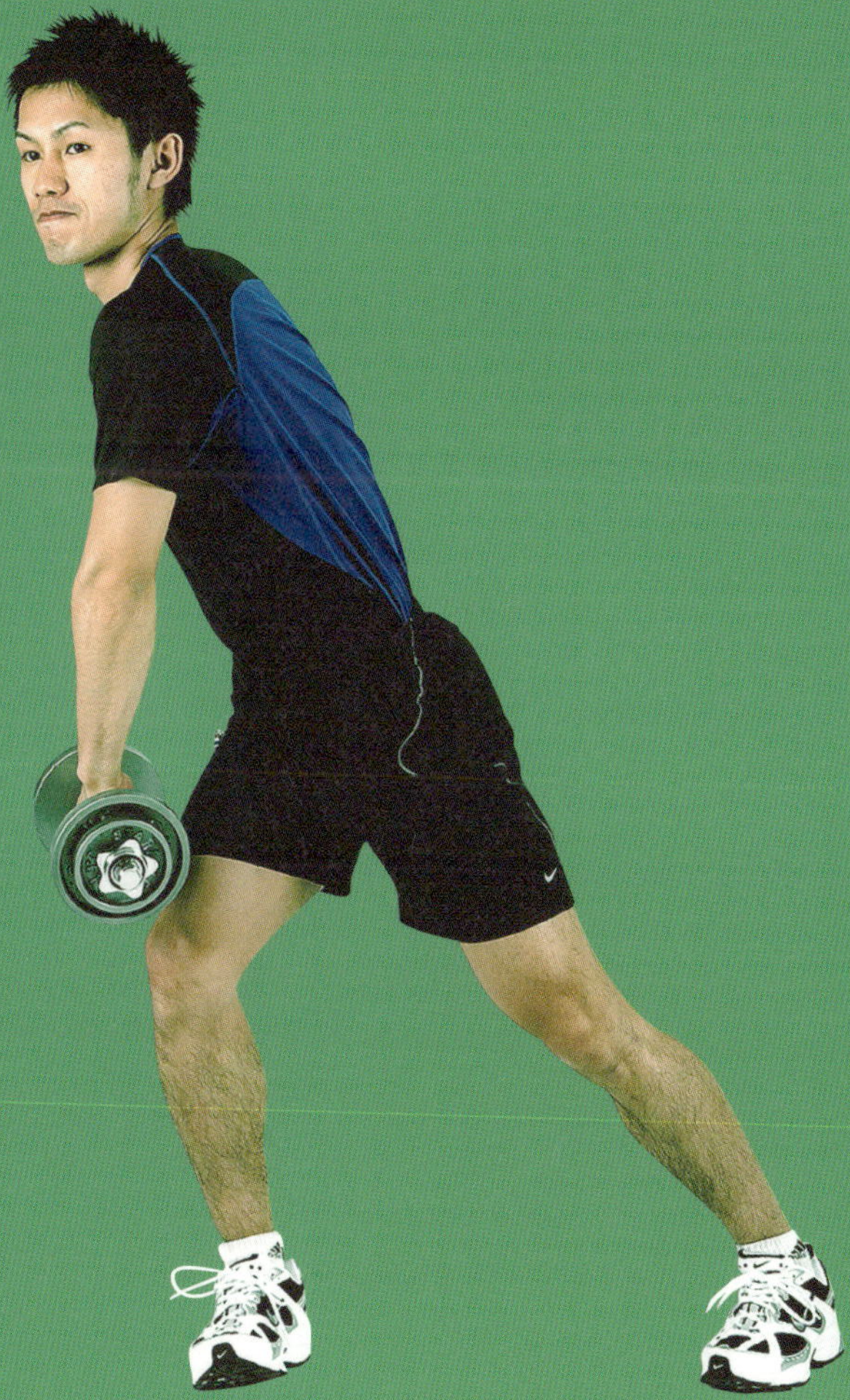

第3章

コーディネーショントレーニング

全身の反動と連動を使ったコーディネーション

スロー&クイックで体力がついたら、それをスポーツでも使えるカラダにチューンアップしよう。ここからは全身のコーディネーションを使った、スポーツ動作に役立つトレーニングを紹介する。

筋トレでつけた筋肉は使えない？

よく「筋トレでつけた筋肉は使えない」とか「筋トレでつけた筋肉は見せかけの筋肉だ」と言われることがあります。これはトレーニングによってすごい筋肉をしているにも関わらず、スポーツ動作では強く速く動けない人が多いからです。

その原因は、一般的な筋トレが「第1章」で紹介したスロートレーニングと同じく、特定の筋肉を使ってゆっくりと力を発揮させる動作であるため。この動作は、全身の反動を使って瞬間的に強い力を発揮させるスポーツの動作とは異なるものなのです。この筋トレの際の動きとスポーツをする時の動きの違いが「使えない筋肉」を作ってしまう要因になっていると考えられます。

全身のバネを使ったトレーニング

一般的な筋トレに近いスロートレーニングと違い、クイックトレーニングは全身のバネを使った瞬間的な動作を養うトレーニングです。こうしたバネを使った反動動作は、すべてのスポーツの基本になるので、クイックトレーニングを行なっていれば、スポーツ万

ケガをしないよう注意

この章のトレーニングも切り返しで瞬間的に強い負荷がかかる、クイックトレーニングである。ケガのリスクも高いので、十分カラダを慣らしてから行なおう。またしっかりとウォームアップをしておくことも忘れずに。

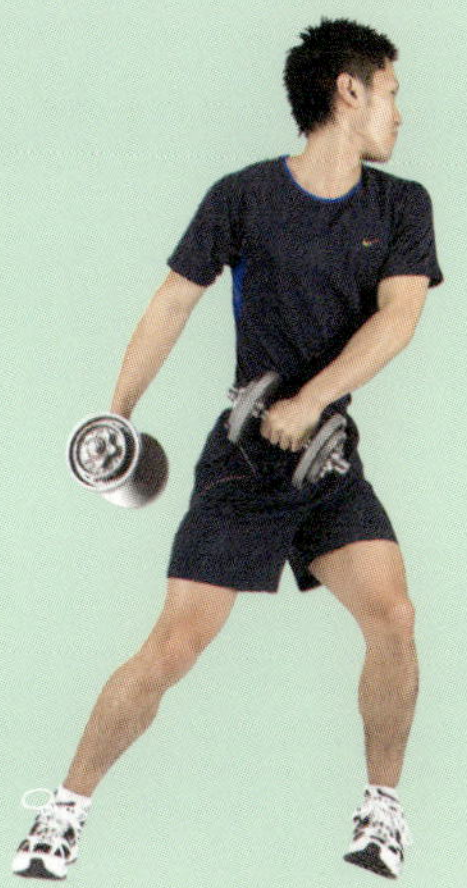

体力を十分つけてから挑戦しよう!!

※実践する時の注意

同じ種目は２日続けて行なわず、最低でも中１日以上の間隔をあける。週２～４回の頻度で。

能の「使える筋肉」を手に入れることができます。

さらにこの章では、全身の動きを上手に連動させる、少し複雑なコーディネーション系のクイックトレーニングを紹介していきます。

手打ち・手投げをしない全身のコーディネーション

野球のスウィングや投球、ゴルフのショット、格闘技のパンチなど、多くのスポーツ動作は手を使いますが、これらは腕の力だけで行なっているのではありません。下半身や体幹からの力を上半身にまで伝え、そのすべての力を利用しているのです。実際に野球の投球動作を解析すると、ボールに与えるエネルギーの約70パーセントは、下半身と体幹から生み出されていることが分かります。４００勝投手の金田正一さんが言っていたように、まさに「ボールは足で投げる」のです。

この章で紹介するのは、こうしたスポーツ動作に役立つ、全身の動作を上手に連動させるトレーニングメニュー。肩や腕を力ませず、全身の反動をうまくコーディネートさせる能力を高めます。

COORDINATION 01

全身のコーディネイション①

ダンベルスウィング

≫ DUMBBELL SWING

カラダをひねって ダンベルを振り上げる

両手に持ったダンベルを、カラダの斜め下から逆側の斜め上へ向けて振り上げる。腕の力だけでなく、ヒザの曲げ伸ばしや体幹をひねる動作も利用して行なおう。体幹をひねる動きはゴルフや野球のスウィングにも通ずるものなので、このトレーニングを重ねることにより、力強いスウィング感も養える。またダンベルの重さは3㌔くらいを目安にしよう。

目安 8～10回

スタートの姿勢

1 やや広めの足幅でダンベルを持ち、カラダの斜め下にダンベルを構えてスタート。

2 「1.地面を足で蹴る→2.腰を回す→3.肩を回す→4.腕を振る」という順に動作して下から上へと力を伝える。

フィニッシュの姿勢

3 腕の先まで伝わった力で、勢いよくダンベルを斜め上へと振り上げる。

×NG
腕の力だけで振り回さない

腕力だけに頼ると足、腰、肩、腕が同時に回る、いわゆるドアスウィングになってしまう。下から順番に各部位を動かしていくことが大切。

レベル調整

ダンベルの重さを変えて調整する。個人差はあるが、一般的な目安は3㌔前後。

ダンベルスウィングスナッチ VARIATION

斜め方向ではなく、ダンベルを下から真上に振り上げるバリエーション。腕の力だけではなく、ヒザを伸ばす際の勢いなど全身の力を使って振り上げよう。

1

肩幅程度に両足を開く。ヒザを曲げて上半身を前傾させながらダンベルを後ろに引く。

スタートの姿勢

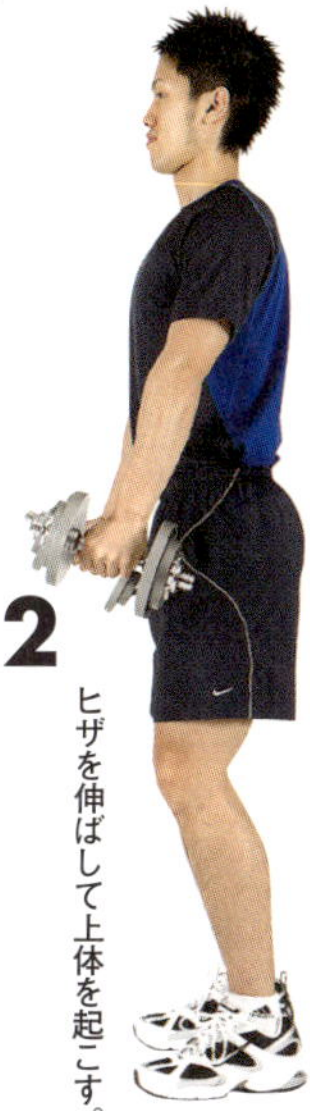

2

ヒザを伸ばして上体を起こす。

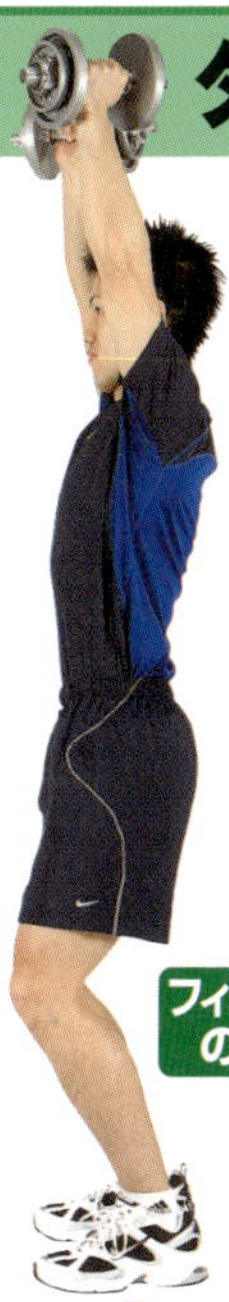

3

腕の力だけではなく、全身の反動を使って一気に頭の上までダンベルを振り上げる。

フィニッシュの姿勢

ツーハンズ・ダンベルクリーン

2 HANDS DUMBBELL CLEAN

全身の力を利用しダンベルを持ち上げる

足元から肩の位置まで一気にダンベルを引き上げる。ヒザや腰の曲げ伸ばしの力を利用し、勢いよくダンベルを持ち上げよう。腕の力だけではなく全身の力の連動を利用することがポイント。ダンベルの重さは5キロくらいが目安。

目安 8～10回

1
ダンベルを持って肩幅程度に足を開き、上体を前傾させてしゃがんだ姿勢からスタート。

2
上体を起こしながら勢いよく立ち上がる。

3
立ち上がる勢いを利用してダンベルを一気に持ち上げてキャッチする。

レベル調整

ダンベルの重さを変えて調整する。個人差はあるが、一般的な目安は5㌔前後。

×NG

腕の力だけで持ち上げない

腕は脱力しておき、最後にダンベルを振り上げる時だけ力を入れる。それ以前の動作では、両腕はダンベルをぶら下げたヒモのような意識で。

ツーハンズ・ダンベルスナッチ VARIATION

肩までではなく、ダンベルを一気に頭上まで持ち上げるバリエーション。よりスピードをつけて行なう。ダンベルの重さは、ここでも5㌔前後が目安。

スタートの姿勢

1 ダンベルを持って肩幅程度に足を開き、上体を前傾させてしゃがんだ姿勢からスタート。

フィニッシュの姿勢

2 上体を起こしながら勢いよく立ち上がり、全身の反動を利用してダンベルを頭上まで一気に持ち上げる。

スタンドアップ・プッシュアップ

≫STAND UP PUSH UP

全身の力を利用して勢いよく立ち上がろう

全身の反動を使って腕立て伏せの姿勢から一気に立ち上がる。腕や足の力だけでなく、全身の筋肉を使い、それらをうまく連動させなければ、スムースに起き上がることはできない。

目安 8〜10回

スタートの姿勢

1

肩幅の1.5倍の間隔で両手を床につけ、腕立て伏せの姿勢からスタート。足も肩幅程度に開いておく。

フィニッシュの姿勢

2

できるだけ勢いよく腕を伸ばし、そのタイミングに合わせてお尻を引く。上半身と下半身の動きを連動させて立ち上がる。

×NG

腕力だけで起きようとしない

力んで腕の力だけで動作しないこと。全身の力を連動させて行なおう。

レベル調整

UP
足幅を狭くして

両足の幅を狭くするほど難易度は高くなり、起き上がりにくくなる。

DOWN
足幅を広くして

両足の幅が広いほど楽に起き上がれる。まずは足幅を広げた姿勢でチャレンジしてみよう。

VARIATION 足振りつき（片足）バージョン

腕立ての姿勢から片足を振り上げ、それを振り下ろす勢いに合わせて腕を伸ばし立ち上がる。左右両方で挑戦しよう。

フィニッシュの姿勢

2 勢いよく腕を伸ばし、そのタイミングに合わせてお尻を引いて立ち上がる。腕の力だけで立とうとしないように。

スタートの姿勢

1 腕立て伏せの姿勢のまま、片足を高く振り上げる。その足を下ろす反動を利用して腕を伸ばす。

COLUMN 2

万歩計をつけよう

メタボ対策には日常的な身体活動を上げること

「メタボ」と判定されると…

いま、「メタボリックシンドローム」略して「メタボ」が大きな話題となっています。男性ならウエスト85センチ以上で、かつ、高血糖、高血圧、高脂血症のうちの２つ以上を合併した状態を「メタボ」、つまり心血管疾患、脳血管疾患、糖尿病など生活習慣病の発症リスクが高いと判定されます。厚生労働省がこのような判定基準を策定し注意を呼びかけているのは、それだけ生活習慣病の患者が多いからです。文字通り生活習慣が原因となる生活習慣病は自分で予防できる疾患なので、何とかしてそのリスクを減らしたいものです。

目標は「1日1万歩」

２００６年、厚生労働省がどれだけ運動していれば生活習慣病のリスクを抑えられるかという調査をしました。それをもとに策定された運動基準が「エクササイズガイド２００６」です。この基準では「週23エクササイズ、そのうちの４エクササイズは意図的な運動を行なう」ことを推奨しています。これはおおむね「毎日1万歩くらいを歩く〝身体活動〟と、週に1時間くらいの〝運動〟を行ないなさい」と言いかえることができます。ここで注目したいのが、「日常生活から活発な身体活動を行なうこと」を呼びかけていること。意図的な運動を行なうことも大事ですが、日々の身体活動量も重要なのです。ジム通いをしても毎日、マイカー通勤で、階段を昇るのも面倒くさがってしまうようでは問題だということですね。逆を言えば、運動をする習慣があまりなくても日常から活動的にすごしていれば、生活習慣病のリスクは下げられるということでもあります。

「クイック&スロー」で引き締まった肉体を作るだけでなく、普段の生活でも1日1万歩を目標に、身体活動量の多い日々を目指しましょう。万歩計をつければ毎日の身体活動量がよく分かります。高価なものではないので、１つ購入してみてはいかがでしょうか?

CHAPTER 4

TRAINING PROGRAM

第4章

トレーニングプログラム

TRAINING MENU 01

トレーニングメニュー①

「スローtoクイック」で完全パンプアップ

パンプアップした筋肉をさらに追い込む

スロートレーニングとクイックトレーニングを組み合わせれば、筋肥大を促す効果は倍増する。スロートレーニングの次にクイックトレーニングを行なう「スローtoクイック」の場合、筋肉がスローで疲労しているため、クイックの時に発揮できる力は落ちるが、膨張させた筋肉をさらに追い込み、より完全なパンプアップを得ることができる。

④足	③背中	②肩	①胸	
スロー・スクワット  5〜10回 可能な範囲で P24	スロー・リアレイズ  5〜10回 可能な範囲で P22	スロー・ダンベルプレス  5〜10回 可能な範囲で P20	スロー・プッシュアップ  5〜10回 可能な範囲で P18	スロートレーニング
クイック・スクワット  8〜10回 P47	クイック・リアレイズ  8〜10回 P44	クイック・ダンベルプレス  8〜10回 P42	クイック・プッシュアップ  8〜10回 P41	クイックトレーニング

※実践する時の注意

各種目の後には、必ずそれぞれの頁で紹介したストレッチを行なってから次の種目に移ろう。また同じ種目は2日続けて行なわず、最低でも中1日以上の間隔をあける。週2〜4回の頻度で。

毎日少しずつやりたい人は…

1日で9種類のセットを行なうのが難しい人は、メニューを2分割し、1日おきに4〜5種類のセットを交互に行なおう。すべてを行なうときは週2〜4回程度、2分割の場合は週に2〜3回ずつ程度を目安にするとよい。

⑨腕背面	⑧腕前面	⑦背筋	⑥腹2	⑤腹1
スロー・ナロースタンス・プッシュアップ	スロー・アームカール	スロー・体幹グッドモーニング	スロー・ニーtoチェスト	スロー・クランチ

5〜10回	5〜10回	5〜10回	5〜10回	5〜10回
可能な範囲で	可能な範囲で	可能な範囲で	可能な範囲で	可能な範囲で
P34	P32	P30	P28	P26
クイック・ナロースタンス・プッシュアップ	クイック・アームカール	クイック・ハイパー・バックエクステンション	クイック・ニーtoチェスト	クイック・シットアップ

8〜10回	8〜10回	8〜10回	8〜10回	8〜10回
P57	P54	P52	P50	P48

「クイックtoスロー」で筋肉をオールアウト

TRAINING MENU 02 トレーニングメニュー②

刺激の連続で筋肉を極限まで追い込む

「クイックtoスロー」の場合、筋肉が元気な状態でクイックの動作を行なえるので、非常に強い「物理的ストレス」を与えられる。さらにそのあとのスローで筋肉をパンプアップさせ「化学的ストレス」を与えると、筋肉を極限まで追い込むことができる。

④足	③背中	②肩	①胸	
クイック・スクワットジャンプ	クイック・リアレイズ	クイック・ダンベルプレス	クイック・プッシュアップジャンプ	クイックトレーニング

8~10回	8~10回	8~10回	8~10回	
P46	P44	P42	P40	
スロー・スクワット	スロー・リアレイズ	スロー・ダンベルプレス	スロー・プッシュアップ	スロートレーニング

5~10回 可能な範囲で	5~10回 可能な範囲で	5~10回 可能な範囲で	5~10回 可能な範囲で	
P24	P22	P20	P18	

※実践するときの注意

各種目の後には、必ずそれぞれの頁で紹介したストレッチを行なってから次の種目に移ろう。また同じ種目は2日続けて行なわず、最低でも中1日以上の間隔をあける。週2～4回の頻度で。クイックの前には必ずウォームアップをすること。

毎日少しずつやりたい人は…

1日で9種類のセットを行なうのが難しい人は、メニューを2分割し、1日おきに4～5種類のセットを交互に行なおう。すべてを行なうときは週2～4回程度、2分割の場合は週に2～3回ずつ程度を目安にするとよい。

⑤腹1

クイック・シットアップ

8～10回

P48 ▶▶▶

↓

スロー・クランチ

5～10回
可能な範囲で

P26 ▶▶▶

⑥腹2

クイック・ニーtoチェスト

8～10回

P50 ▶▶▶

↓

スロー・ニーtoチェスト

5～10回
可能な範囲で

P28 ▶▶▶

⑦背筋

クイック・ハイパー・バックエクステンション

8～10回

P52 ▶▶▶

↓

スロー・体幹グッドモーニング

5～10回
可能な範囲で

P30 ▶▶▶

⑧腕前面

クイック・アームカール

8～10回

P54 ▶▶▶

↓

スロー・アームカール

5～10回
可能な範囲で

P32 ▶▶▶

⑨腕背面

クイック・ナロースタンス・プッシュアップジャンプ

8～10回

P56 ▶▶▶

↓

スロー・ナロースタンス・プッシュアップ

5～10回
可能な範囲で

P34 ▶▶▶

筋肉をほぐして快適にするストレッチ1

スタティック・ストレッチ

STATIC 1
前屈（ヒザ伸ばし）

腿裏のハムストリングスを伸ばすストレッチ。ヒザをしっかり伸ばしたままで、ゆっくりと上半身を前屈させていく。

STATIC 2
前屈（ヒザ曲げ）

お尻の筋肉…大臀筋を伸ばすストレッチ。ヒザを軽く曲げ、足先を両手でつかんで、ゆっくりと上半身を前屈させていく。

STATIC 3
背中（中央）

背中の広背筋、背柱起立筋などを伸ばすストレッチ。両足を軽く開いて立ち、背中を丸めて組んだ両手をゆっくりと下ろしていく。

STATIC 4
背中（体側）

広背筋の外側や脇腹の筋肉を伸ばすストレッチ。両足を肩幅よりやや広めに開き、両手を頭上で組む。組んだ両手をカラダの真横へ倒していく。

STATIC 5
肩・首（僧帽筋）

肩の僧帽筋、首の筋肉を伸ばすストレッチ。片手を背中に回し、もう片方の手で頭を引き、ゆっくり胸の方へ倒していく。左右両側で行なおう。

スタティック・ストレッチでじっくりと筋肉を伸ばします。すると、筋肉の柔軟性が高まり動きもスムースになります。全身的に筋肉の緊張も解け、身心ともにリフレッシュすることができます。10～15秒…痛みを感じる手前までじっくりと伸ばしていきましょう。

STATIC 7
ふくらはぎ（ヒラメ筋）

足首の内側にあるヒラメ筋を伸ばすストレッチ。腕立て伏せの姿勢からヒザを軽く曲げてお尻を上げ、足首を曲げる。

STATIC 6
ふくらはぎ（腓腹筋）

ふくらはぎの腓腹筋を伸ばすストレッチ。腕立て伏せの姿勢からお尻を高く上げ、ヒザをしっかり伸ばして足首を曲げる。

STATIC 10
胸・肩

胸の大胸筋と肩の三角筋を伸ばすストレッチ。カラダの後ろで組んだ両手を下へゆっくりと引き、大きく胸を張る。

STATIC 8
大腿四頭筋

腿前面の大腿四頭筋を伸ばすストレッチ。カラダの後ろに両手をつき、片足は前に伸ばし、もう一方の足は、カラダの横に密着させて曲げる。ゆっくりと上半身を後ろに倒していく。

STATIC 9
お腹

お腹の腹直筋、下腹の腸腰筋を伸ばすストレッチ。うつ伏せで両手を地面について、上半身をゆっくりと起こしていく。腰を傷めない程度に行なう。

筋肉をほぐして快適にするストレッチ2

ダイナミック・ストレッチ

DYNAMIC 1 腕回し

両足を肩幅程度に開き、ヒジを伸ばして両腕をつけ根から大きく回転させる。

DYNAMIC 2 肩回し

両足を肩幅程度に開き、両ヒジを曲げる。ヒジを大きく回転させながら肩も大きく回す。

DYNAMIC 3 肩の上下

両足を肩幅程度に開き、全身をリラックスさせて立つ。大きく肩を上げ、その後に脱力して肩をストンと落とす。この動きを繰り返す。

DYNAMIC 4 股関節回転

椅子の背もたれや壁などに手をつき、片足立ちになる。上げた方の足をつけ根の部分から内側と外側に大きく回す。

ダイナミック・ストレッチで大きくカラダを動かします。カラダ全体がスムースに動くよう整えるのです。特に体幹（胴体）部分の脊柱・骨盤や手足の根元部分の肩甲骨・股関節といったコア部分は、手足のように意識して動かすことが難しいために、動きが固くなりがち。リズミカルに大きく動かしてコアの筋肉をほぐし、快適なカラダを手に入れましょう。

DYNAMIC 5
足の前後振り

椅子や壁などに手をつき、片足立ちになる。上げた方の足をつけ根の部分から前後に大きく振る。

DYNAMIC 6
足の左右振り

椅子や壁などに手をつき、片足立ちになる。上げた方の足をつけ根の部分から左右に大きく振る。

DYNAMIC 7 腰回し

両足を肩幅程度に開き、全身をリラックスさせて立つ。両手を軽く腰に当てて、ゆっくりと大きく腰（骨盤）を回転させる。

DYNAMIC 8 体幹の回旋

両手を軽く胸の辺りまで上げ、上半身を左右にねじる。人体の構造上、背骨の腰部分はねじれないので、みぞおちから上の辺りをひねるようにして体幹を回す。

監修者プロフィール

石《いし》井《い》直《なお》方《かた》

東京大学大学院教授

1955年、東京都生まれ。理学博士。専門は身体運動科学、筋生理学。日本を代表する筋生理学者として活躍。また、ボディビルダーとしても81年ボディビル世界選手権3位、82年ミスターアジア優勝など、輝かしい実績を誇る。エクササイズと筋肉の関係から、健康や老化防止等について解説。その分かりやすい理論と独自のエクササイズ法に定評がある。テレビ番組にも多数出演。著書に『一生太らない体のつくり方』(エクスナレッジ) ほか。

谷《たに》本《もと》道《みち》哉《や》

近畿大学生物理工学部准教授

1972年、静岡県生まれ。近畿大学生物理工学部准教授。順天堂大学スポーツ健康科学部客員研究員。国立健康・栄養研究所客員研究員。日本オリンピック委員会医科学スタッフ。日本ボディビル・フィットネス連盟医科学委員。大阪大学工学部卒。東京大学大学院総合文化研究科博士課程修了。博士（学術）。国立健康・栄養研究所特別研究員、東京大学学術研究員、順天堂大学博士研究員、近畿大学講師を経て現職。専門は筋生理学、身体運動科学。著書に『スポーツ科学の教科書』（岩波書店）、「スロトレ」（高橋書店）など。テレビ番組にも多数出演。

モデル

嘉《か》山《やま》直《なお》晃《あき》

ワウディー南船橋
インストラクター

松《まつ》尾《お》龍《りゅう》哉《や》

ワウディー南船橋
インストラクター

体脂肪を減らす、筋肉をつける

スロー&クイックトレーニング 決定版

2016年5月13日　初版第1刷発行

監修　石井直方
　　　谷本道哉
構成　橋本　学（noNPolicy）

編集主任　近藤隆夫
編集　泊　由

写真撮影　和田八束
表紙デザイン　土井敦史（noNPolicy）
デザイン　山近　優
イラスト　勝山英幸

DVD制作　株式会社タイムラインピクチャーズ
DVD制作指揮　清末隆宏
ディレクター　管沼　誠
DVDオーサリング　株式会社ピコハウス
映像撮影　有限会社スーパーボム

協力　株式会社グリーン
　　　ワウディー南船橋

印刷・製本　大日本印刷株式会社

発行者　滝口直樹
発行所　株式会社マイナビ出版
〒101-0003
東京都千代田区一ツ橋2-6-3 一ツ橋ビル2F
電話　0480-38-6872（注文専用ダイヤル）
03-3556-2731（販売部）
03-3556-2735（編集部）
URL　http://book.mynavi.jp

本書は2009年2月に株式会社マイナビより発行されたものに
一部修正を加えた再編集版です。

※価格はカバーに記載してあります。
※本書について質問等がございましたら、往復はがきまたは返信切手、
返信用封筒を同封のうえ、マイナビ出版編集第2部までお送りください。
※落丁本、乱丁本についてのお問い合わせは、TEL:0480-38-6872（注文専用ダイヤル）か、
電子メール:sas@mynavi.jpまでお願いいたします。

ISBN978-4-8399-5904-3 C0075